BIBLIOTHÈQUE
DES MERVEILLES

PUBLIÉE SOUS LA DIRECTION

DE M. ÉDOUARD CHARTON

—

LES PHARES

LES PHARES

PAR

LÉON RENARD

BIBLIOTHÉCAIRE DU DÉPÔT DES CARTES ET PLANS DE LA MARINE

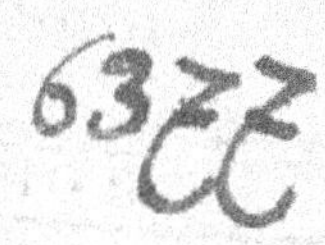

OUVRAGE ILLUSTRÉ DE 33 VIGNETTES
PAR JULES NOËL, M. RAPINE, ETC.

PARIS

LIBRAIRIE DE L. HACHETTE ET CIE

BOULEVARD SAINT-GERMAIN, N° 77

1867

M. ÉDOUARD THIERRY

HOMME DE LETTRES
ADMINISTRATEUR GÉNÉRAL DE LA COMÉDIE-FRANÇAISE
OFFICIER DE LA LÉGION D'HONNEUR
COMMANDEUR DE L'ORDRE DE DANEBROG

Ce livre est respectueusement et cordialement dédié

L. R.

I

ORIGINE DES PHARES

LES TOURS A FEU DE LA MÉDITERRANÉE

Les phares, si secourables à la marine moderne, n'ont point complétement manqué à la marine ancienne. Malheureusement, en s'écroulant du même coup que l'empire romain, les phares de l'antiquité n'ont pas laissé autant de ruines ; leurs contemporains ne nous ont légué sur ces édifices que de nombreuses dissertations ; trop de livres et pas assez de pierres. Quelques débris auraient suffi peut-être pour vérifier l'exactitude de ce que nous disent les auteurs, et l'on n'en serait pas réduit, comme nous le sommes, au doute et à l'incertitude en raison de l'abondance même des renseignements écrits.

Les Grecs attribuent les premiers phares à Hercule. Les plus anciens que l'on connaisse sont les tours bâties par les Libyens et par les Cuthites, qui habitaient les provinces de la Basse-Égypte. Elles

servaient de point d'observation pendant le jour
et de phares pendant la nuit. C'étaient aussi des
temples, qui recevaient le nom d'une divinité. Les
marins les avaient en grande vénération ; ils les en-
richissaient de leurs ex-voto. On suppose qu'elles
renfermaient des cartes de la côte et de la navigation du Nil. D'abord dessinées sur les murs, ces
cartes le furent ensuite sur le papyrus. Les prêtres
de ces temples-colléges y enseignaient le pilo-
tage, l'hydrographie et l'art de diriger la marche
d'un navire d'après les constellations. Protée d'É-
gypte que l'on dit avoir été visité par Ménélas à son
retour de la guerre de Troie, ne serait qu'un de ces
colléges religieux et nautiques. A son sommet brûlait un feu continuellement entretenu. La méthode
qui présidait à l'éclairage était naturellement très-
grossière. Les Libyens plaçaient leurs feux dans une
machine en fer ou en bronze, composée de trois ou
quatre branches représentant chacune un dauphin
ou quelque autre animal marin, et reliées par des
feuillages. Dans l'espèce de corbeille que formait cet
enchevêtrement on disposait le combustible. Cet
instrument était fixé à l'extrémité d'une forte perche,
dirigée vers la mer[1].

Les Libyens, dit le baron de Zach, dans sa *Correspondance astronomique*, appelaient ces tours *tar* ou

---

[1] Comme de nos jours, les navires portaient de semblables fanaux,
soit pour éviter les abordages nocturnes, soit pour se distinguer des
autres bâtiments de la flotte à laquelle ils appartenaient. C'est
ainsi que, parlant du vaisseau d'*Agamemnon*, Virgile dit : *Flammas
cum regia puppis extulerat*, etc., pour marquer le fanal qui distinguait la poupe du vaisseau du roi des rois.

tor, qui signifie hauteur et aussi tour. *Is* veut dire
feu, de là on a composé *Tor-Is*, tour de feu. Les
Grecs en ont fait τύρσις, les Latins, *turris*. Les constructions de ce genre qu'on élevait dans les villes,
occupaient toujours l'endroit le plus proéminent, et
se nommaient *Bosrah*, nom sous lequel on désigna
plus tard la citadelle de Carthage.

Lorsque ces fanaux étaient situés hors des villes,
sur des éminences et de forme ronde, on les appelait *Tith*. Tithon si célèbre par sa longévité, paraît
n'avoir été qu'un de ces édifices dédiés au Soleil, et
Thétis, cette ancienne déesse de la mer, qu'une
tour à feu près de l'Océan, appelée *Thit-Is* (feu sur
l'éminence). Le massacre des Cyclopes, tués à coups
de flèches par Apollon, se rapporterait encore assez
bien à la manière dont les fanaux des tours cyclo-
péennes, placées sur les côtes orientales de Sicile,
étaient éteints par les rayons du soleil levant.

Le premier phare fonctionnant d'une façon régulière paraît être celui que Leschès, auteur de la Petite Iliade, qui vivait dans la neuvième olympiade,
plaçait au promontoire de Sygée, près duquel il y
avait une rade. La Table Iliaque représente cette
tour.

Quoique figurant en tête de la liste, ce phare n'a
pas eu la gloire de laisser son nom aux monuments
dont il a été le prédécesseur, pas plus que Colomb n'a
eu celle de laisser le sien à l'Amérique. Cet honneur
était réservé à la tour élevée sur l'île de Pharos, à
Alexandrie. Ce dernier a également servi de modèle
aux plus célèbres tours à feu élevées depuis. Sué-

tone le dit expressément de celui d'Ostie bâti par Claude, et qui paraît avoir été le plus remarquable de ceux qui ont éclairé les côtes latines. L'Italie en eut pourtant de forts beaux, tels que ceux de Ravenne et de Pouzzole, dont parle Pline, et celui de Messine, qui a donné son nom au détroit qui sépare la Sicile de l'Italie, et où se rencontrent les rochers fameux de Charybde et de Scylla ; le phare de l'île de Caprée, enfin, qu'un tremblement de terre fit tomber peu de jours avant la mort de Tibère.

Denis de Byzance parle à son tour d'un phare célèbre situé à l'embouchure du fleuve Chrysorrhoas qui se jetait dans le Bosphore de Thrace. « Au sommet de la colline, dit-il, au bas de laquelle coule le Chrysorrhoas, on voit la tour Timée, d'une hauteur extraordinaire, d'où l'on découvre une grande plage de mer, et que l'on a bâtie pour la sûreté de ceux qui naviguaient, en allumant des feux à son sommet pour les guider ; ce qui était d'autant plus nécessaire que l'un et l'autre bord de cette mer est sans ports, et que les ancres ne sauraient prendre son fond. Mais les Barbares de la côte allumaient d'autres feux aux endroits les plus élevés des bords de la mer, pour tromper les mariniers et profiter de leur naufrage. A présent, ajoute cet auteur, la tour est à demi-ruinée, et l'on n'y met plus de fanal. »

Quelle était la forme des phares latins ? On ne peut émettre que des doutes à ce sujet, bien qu'Hérodien dise que les catafalques des empereurs étaient semblables aux phares. Il faut remarquer que ces catafalques étaient carrés, et que les tours à feu ne

l'étaient pas toujours. Un médaillon tiré du cabinet
du maréchal d'Estrées, et reproduit par Montfaucon,
nous représente un port romain avec un phare à

Fig. 1. — Phare latin, d'après l'un des médaillons du maréchal d'Estrées.

quatre étages qui est rond. Une autre médaille,
trouvée en Bithynie, à Apamée[1], et dont Baudelot
de Dairval était possesseur à l'époque où Montfaucon écrivait, donne également une forme ronde au

[1] Voici la traduction de la légende que je trouve sur cette médaille : *Colonia Augusta Apamea, Colonia Julia Concordia decreto
decuriorum.*

phare qu'elle représente. Le phare de Boulogne, enfin, était octogonal, ainsi qu'on le verra dans notre chapitre sur ce monument, l'un des plus célèbres de l'antiquité.

Fig. 2. — Phare latin, d'après une médaille d'Apamée.

PHARE D'ALEXANDRIE

D'après Strabon, Pline, Lucien, Eusèbe, Suidas, Jules César, etc., ce serait à Ptolémée Philadelphe que reviendrait l'honneur de la construction du phare d'Alexandrie, ce monument colossal et si magnifique que les anciens l'avaient mis au rang des merveilles du monde. Mais si nous en croyons Ammien Marcelin et Tzetzès, c'est à Cléopâtre qu'il faut attribuer cette gloire que d'autres historiens donnent à Alexandre.

Les modernes ne sont pas mieux renseignés. Tout ce qu'ils peuvent affirmer, c'est que l'architecte se nommait Sostrate. Dans son *Antiquité expliquée* (à sa manière), dom Bernard de Montfaucon cherche à démontrer comment, sachant le nom de l'architecte on a des doutes sur celui du fondateur que, pour sa part, il croit être Ptolémée. « Cette ignorance vient, dit-il, de la fourberie de Sostrate. Il voulait immortaliser son nom ; ce qui n'aurait pas été blâmable, s'il n'eût en même temps voulu supprimer celui de Ptolémée qui faisait la dépense. Pour cet effet il s'avisa d'un stratagème qui lui réussit : il grava profondément sur la tour cette inscription : *Sostrate Cnidien, fils de Dexiphane, aux dieux sauveurs de ceux qui sont sur mer*. Et se doutant bien que le roi Ptolémée ne serait pas content d'une telle inscription, il la couvrit d'un enduit fort léger, qu'il savait ne pouvoir résister longtemps aux injures de l'air, et y mit le nom de Ptolémée. L'enduit et le nom du roi tombèrent dans quelques années, et l'on n'y vit plus que l'inscription qui en donnait toute la gloire à Sostrate. »

Le bon bénédictin ajoute une foi entière à cette anecdote, et il discute les opinions contraires. « Pline, ajoute-t-il, a prétendu que Ptolémée par modestie et par grandeur d'âme, voulut que Sostrate mit son nom sur la tour, sans qu'il y fût fait aucune mention de lui. Mais ce fait n'est nullement croyable : cela aurait passé dans ces temps-là, et passerait même encore aujourd'hui, pour une grandeur d'âme mal entendue. On n'a jamais vu de prince qui ait refusé de mettre son nom sur des ouvrages magnifiques faits pour l'utilité publique, et qui en ait voulu donner toute la gloire aux architectes. » Pour arranger le différend, Champollion-Figeac fait construire ce phare par Ptolémée-Soter. Comme dit Edrisi avec solennité : « Dieu seul connaît la vérité du fait. »

Fig. 5. — Ancien phare d'Alexandrie.

Le nom de *phare*, donné pour la première fois à une tour à feu, n'a pas fourni une moins vaste carrière aux discussions des érudits. Quoiqu'il soit bien évident que la tour d'Alexandrie ait reçu de l'îlot sur lequel elle s'élevait, le nom qu'elle a gardé et transmis aux monuments copiés sur elle, Isidore prétend qu'il vient de φῶς, qui veut dire lumière, et d'ὁρᾶν qui signifie voir. Le Liceti donne une autre étymologie qui ne vaut pas mieux ; ce qui mécontente fort l'honnête Montfaucon. « Que des gens qui ne lisaient pas les auteurs grecs, dit-il, se soient ainsi exercés inutilement à tirer ces étymologies, cela est encore moins surprenant que de voir Isaac Vossius, qui lisait Homère, chercher dans la langue grecque l'origine de *pharos*. De φαίνειν ; luire, dit-il, vient φανερός ; de φανερός, φάρος… L'île s'appelait Φάρος sept ou huit cents ans avant qu'il n'y eût ni tour ni fanal. Cela fait voir que ces étymologistes de profession tirent quelquefois des étymologies sans consulter la raison. »

Ce mot ne s'en tint pas à ce premier succès. On le retrouve appliqué ailleurs et servant à qualifier d'autres objets que ceux dont nous nous occupons. « On vit, dit Grégoire de Tours, un *phare de feu* qui sortit de l'église de Saint-Hilaire, et qui vint fondre sur le roi Clovis. » Le même historien se sert encore de ce mot pour exprimer un incendie : « Ils mirent, dit-il, le feu à l'église de Saint-Hilaire, firent un grand *phare*, et pendant que l'église brûlait, ils pillèrent le monastère. » On retrouve souvent dans l'œuvre du grand historien le même mot employé avec le même sens ; ce qui laisserait supposer que du temps de Grégoire un incendiaire pouvait être désigné comme un faiseur de *phares*. Plus tard encore on appelle *phare* certaines machines où l'on mettait plusieurs lampes ou plusieurs cierges, et qui approchaient de nos lustres. On trouve dans Anastase le Bibliothécaire que le pape Sylvestre fit faire « un phare d'or pur, » et que le pape Adrien Ier, en fit un « en forme de croix, » où l'on mit jusqu'à cent soixante-dix chandelles ou cierges. A son tour, Léon d'Ostie, dans sa *Chronique du Mont-Cassin*, dit de l'abbé Didier : « Il fit faire un phare ou une grande couronne d'argent du poids de cent livres, d'où s'élevaient douze petites tourelles et d'où pendaient trente-six lampes. »

Ajoutons avant de fermer notre parenthèse que les poëtes, qui aiment les licences, ont pris le mot *phare* dans un sens encore plus métaphorique, en l'employant pour désigner tout ce qui éclaire en instruisant, et même les gens dont l'esprit peut éclairer les autres.

> Soyez mon phare et gardez d'abymer,
> Ma nef qui nage en si profonde mer,

a dit Ronsard à Charles IX.

Revenons à l'édifice égyptien.

L'île sur laquelle s'élevait sa tour superbe, était distante de la terre ferme de sept stades ou d'un bon quart de lieue, quoique ait prétendu Homère, qui fait dire à Ménélas, dans l'*Odyssée*, qu'elle est éloignée de l'Égypte d'une journée entière. Plus tard elle fut jointe à la terre par une chaussée et un pont.

D'après les descriptions qui nous ont été laissées, le phare était à plusieurs étages voûtés, à peu près comme la tour de Babylone, qui avait huit étages, ou, dit Hérodote, huit tours l'une sur l'autre. Pline assure que les frais de sa construction montèrent à huit cents talents.

Jusqu'à quelle époque subsista ce monument grandiose? Il est certain qu'il existait encore au douzième siècle, puisque Edrisi l'a vu. « Ce phare, dit-il, n'a pas son pareil au monde sous le rapport de la structure et sous celui de la solidité ; car, indépendamment de ce qu'il est fait en excellentes pierres de l'espèce dite kedan, les assises de ces pierres sont scellées les unes contre les autres avec du plomb fondu et les jointures tellement adhérentes, que le tout est indissoluble, bien que les flots de la mer, du côté du nord, frappent continuellement cet édifice. Du sol à la galerie (ou étage) du milieu, on compte exactement 70 brasses ; et de cette galerie au sommet du phare, 26. On monte à ce sommet par un escalier construit dans l'intérieur, et large comme le sont ordinairement ceux qu'on pratique dans les tours. Cet escalier se termine vers le milieu du monument, et là l'édifice devient, par ses quatre côtés, plus étroit. Dans l'intérieur, et sous l'escalier, on a construit des habitations. A partir de la galerie, le phare s'élève jusqu'au sommet, en se rétrécissant de plus en plus jusqu'au point de pouvoir être embrassé de tous les côtés par un homme. De cette même galerie on monte de nouveau, pour atteindre le sommet, par un escalier de dimensions plus étroites que celles de l'escalier inférieur ; cet escalier est percé, dans toutes ses parties, de fenêtres destinées à procurer du jour aux personnes qui montent, et afin qu'elles puissent placer convenablement leurs pieds en montant. »

Cet édifice, ajoute Edrisi, est singulièrement remarquable, tant à cause de sa hauteur qu'à cause de sa solidité ; il est très-utile en ce qu'on y allume nuit et jour du feu pour servir de signal aux navigateurs durant leurs voyages ; ils connaissent ce feu et se dirigent en conséquence, car il est visible d'une journée maritime (100 milles) de distance. Durant la nuit il apparaît comme une étoile ; durant le jour on en distingue la fumée.

Edrisi dit que de loin la lumière du phare avait si bien l'air d'une étoile élevée sur l'horizon que les marins s'y méprenant, tournaient leur proue d'un autre côté, et allaient se jeter sur les sables de la Marmarique.

C'est Montfaucon qui nous apprend cette particularité qui s'est reproduite de nos jours. Plus d'un des feux qui brillent en ce moment sur les différents écueils du globe ont deux lumières, l'une au sommet du phare, l'autre plus bas, pour que les navigateurs ne prennent pas la plus forte pour un astre.

A propos du phare d'Alexandrie, Montfaucon ajoute : « Les Arabes et les voyageurs en ont rapporté bien des choses fort sujettes à caution. Ils disent que Sostrate fonda cette prodigieuse masse sur quatre grands cancres de verre, ce qui paraît si fabuleux qu'on ne voudrait pas même se donner la

Fig. 4. — Phare actuel d'Alexandrie.

peine de le réfuter. Cependant Isaac Vossius assure qu'il a entre les mains un ancien auteur manuscrit des *Merveilles du monde*, qui raconte la même chose. Mais cet auteur semble ne rapporter cela que sur un bruit public ; et Vossius se donne inutilement la torture pour rendre croyable un fait qui a si peu de vraisemblance. S'il y avait eu quelque chose d'approchant de cela, on a peine à croire que de tant d'anciens auteurs qui ont parlé de la tour de Pharos, pas un n'en eût rien dit. »

« On doit encore ajouter moins de foi, poursuit Montfaucon, à ce que rapporte, sur la foi des Arabes, Martin Crusius dans ses *Turco-Græciæ libri VIII* ; qu'Alexandre le Grand fit mettre au haut de la tour un miroir fait avec tant d'art, qu'on y découvrait de 500 parasanges, c'est-à-dire de plus de cent lieues, les flottes des ennemis qui venaient contre Alexandrie ou contre l'Égypte ; et qu'après la mort d'Alexandre ce miroir fut cassé par un Grec nommé Sodore, qui prit un temps où les soldats de la forteresse étaient endormis. Cela supposerait que le phare était déjà bâti du temps d'Alexandre le Grand, ce qui est certainement faux. C'est assez le génie des Orientaux, d'inventer des choses si déraisonnablement merveilleuses », dit en terminant le bon bénédictin.

La tour célèbre qui, sous le nom de *Tour d'Ordre*
ou plutôt *d'Orde*[1], se partagea pendant si longtemps
avec la tour de Douvres l'éclairage de la Manche,
et dont les ruines imposantes se dressaient, il y a
encore deux siècles, aux portes de Boulogne, remontait à Caligula. Si nous en croyons les assertions
un peu confuses des historiens, le trop fameux empereur revenait des bords du Rhin et songeait à envahir la Bretagne, lorsque le hasard lui ayant pro-
curé la soumission volontaire d'un jeune prince
breton, il prit occasion de cette fortune heureuse
et imprévue pour se faire décerner les honneurs
triomphaux. C'est pour en laisser un souvenir
plus durable que les pompes du Capitole, qu'il

[1] On doit à M. Egger, membre de l'Institut, une lumineuse
étude sur ce monument, publiée dans *la Revue archéologique*.

éleva sur les falaises de Gesoriacum, devenu la Boulogne romaine, un monument destiné à perpétuer sa gloire.

Comment l'édifice glorieux s'est-il transformé en monument utile? comment la tour triomphale est-elle devenue un phare? c'est ce qu'on ne sait guère. Il est certain toutefois qu'en l'an 191 de notre ère, une lumière brillait à son sommet ainsi que le démontre un médaillon en bronze, sur lequel Commode porte le titre de Britannicus, en souvenir des victoires d'un de ses lieutenants sur les Bretons, et qui représente ce phare et le départ d'une flotte romaine.

Placée sur le lieu même où s'effectuait le plus souvent le passage de la Gaule en Bretagne, la tour de Boulogne fut soigneusement entretenue tant que dura la domination romaine. Au neuvième siècle, en 811, on la voit réparée, et bien à titre de phare cette fois, par Charlemagne, qui s'occupait alors d'une expédition contre les pirates normands. Plus tard, et jusqu'au dix-septième siècle, la tradition nous la montre servant au même usage; de là, selon une étymologie qui a fait fortune, mais dont M. Egger signale toute la fausseté, le nom de *turris ardens*, devenu par corruption *Tour d'Ordre*. Il paraît qu'elle servit encore de forteresse. Sa position et sa grande masse, comme on le verra plus loin, ne la rendaient que trop propre à cette destination.

Au seizième siècle, pendant la courte et désastreuse occupation de Boulogne par les Anglais, de 1544 à 1559, on trouve la Tour d'Ordre entou-

rée de deux remparts, l'un en brique, l'autre en
terre et muni de pièces d'artillerie. Ce point en
effet était parfaitement choisi pour l'attaque et
pour la défense de Boulogne, car il domine,
et il dominait surtout alors, toute la ville et
les deux rives de la Liane. Cependant ce ne
furent pas les foudres qu'on amassait sur son
front qui firent périr la Tour d'Ordre, tout ce
dont elle souffrit à ces époques peu éprises d'ar-
chéologie, ce fut de la destruction de sa lanterne, plusieurs fois réparée. Sa ruine est due tout
entière à l'incurie des mayeurs et échevins de
Boulogne. Ébranlés d'abord par le flot même qui,
dans les hautes marées, bat violemment la falaise,
puis par le travail souterrain des sources, enfin par
l'imprudente exploitation des carrières qu'elle renferme, le fort et la tour s'écroulèrent en deux fois
selon les uns, en trois fois selon les autres, de 1640
à 1644 ou 1645, avec le massif même de la falaise
sur lequel ils reposaient. « Dans l'intervalle d'une
chute à l'autre, dit M. Egger, on ne fit rien pour
sauver au moins ce qui restait d'un si précieux monument qui pourtant servait encore aux signaux de
nuit pour l'entrée du port, et quand il eût péri dans
l'éboulement profond du terrain, la municipalité
boulonaise se crut dégagée des redevances que,
pour cette partie de son territoire, elle payait, en
vertu d'un droit ancien, au seigneur de Baincthun.
Le sol n'existait plus, le tenancier croyait être libre
de toute obligation envers le propriétaire. Celui-ci
plaida et obtint gain de cause, par arrêt du Parle-

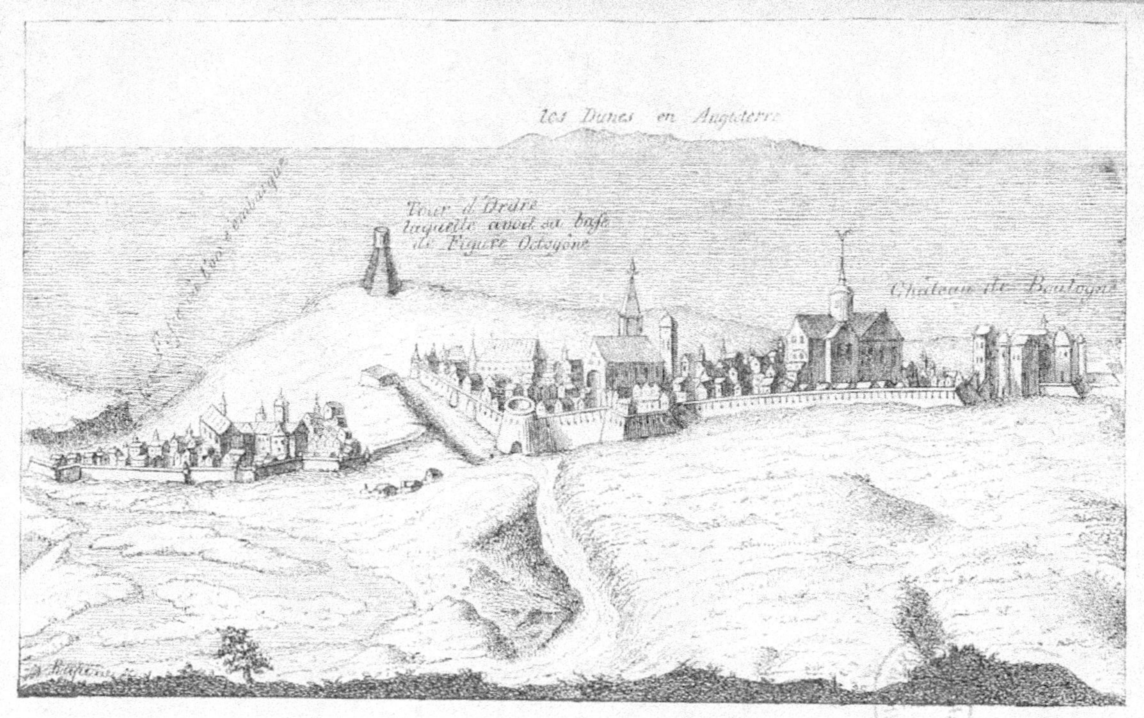

Fig. 5. — Tour d'Ordre de Boulogne, d'après Claude Châtillon.

ment, en date du 1er juillet 1656. MM. de Boulogne, vu qu'ils avaient eux-mêmes causé la perte dont ils arguaient pour nier la dette, furent condamnés à payer, comme devant, deux mille harengs sorets et blancs, portés à Arras, Amiens et autres villes de pareilles distances, au choix du seigneur, ou à remettre les lieux en leur ancien état (ce qui rappelle un peu l'aventure de Mummius à Corinthe) et à abandonner au seigneur de Baincthun, baron d'Ordre, « le droit de demande qui se prend pour tous les pêcheurs entrant au Havre. » Tout porte à croire qu'en expiation de sa faute, Boulogne paya les deux mille harengs jusqu'à la Révolution française. »

Il reste peu de chose aujourd'hui de ce monument plus glorieux par les services qu'il rendit à l'humanité que par son origine qui ne rappelle qu'une extravagance de Caligula, et M. Egger nous met en garde contre les dessins qui en ont été donnés. Celui qui lui paraît mériter le plus de confiance est celui qu'exécuta Claude Châtillon, ingénieur du roi Henri IV, et que nous reproduisons.

Les descriptions que l'on a faites de la tour sont également très-insuffisantes. Néanmoins elles renferment des renseignements certains et précieux sur la situation, les dimensions et la forme de l'édifice, ainsi que sur les matériaux employés à sa construction. Ceux-ci étaient simplement des pierres grises, des pierres jaunes et des briques rouges disposées de façon à composer un monument aussi

solide qu'élégant et agréable à voir. La tour était
située à la longueur d'un jet d'arbalète du bord de la
falaise; elle était octogone, avait 192 pieds de cir-
cuit et environ 64 pieds de diamètre; ainsi que
chez la plupart des phares romains, chacun de
ses douze étages faisait retrait d'un pied et demi sur
l'étage inférieur, ce qui lui donnait la forme d'une
pyramide. On assure que sa hauteur égalait à peu
près sa circonférence, soit en nombre rond, 200
pieds, « ce qui semble à vrai dire, une bien grande
hauteur pour un phare, déjà situé sur une falaise
haute d'environ 100 pieds au-dessus de la mer, »
remarque M. Egger. Quoi qu'il en soit, chaque étage
avait sur le midi une ouverture en façon de porte.
On y voyait encore, au commencement du dix-septième siècle, trois chambres voûtées, l'une sur
l'autre, avec un escalier intérieur pour relier ces
trois étages, destinés sans doute à l'habitation des
gardiens.

Quant à la place où brillait le feu, on ne peut
faire à ce sujet que des conjectures. Comme les
chroniqueurs du neuvième siècle disent que le sommet fut réparé en vue d'y allumer des feux, il y
a lieu de croire qu'avant cette réparation ces
feux brillaient dans une chambre du dernier des
étages.

M. Egger suppose qu'en opérant quelques fouilles
on pourrait retrouver des débris importants. D'après
les motifs qu'il donne de penser ainsi, on ne peut
que se ranger complétement à son avis, et faire des
vœux pour que la municipalité actuelle répare

dans la mesure de ses moyens l'incurie de ses ancêtres, MM. le mayeurs et échevins. En ce qui la concerne la Commission des phares n'a rien négligé pour que le feu romain fût dignement remplacé. Elle a établi à Boulogne, en 1835, un feu fixe rouge et deux feux fixes, le premier qui s'étend à 4 milles et les deux autres éclairant à 9 milles, ce qui est suffisant pour une partie de côte déjà illuminée, au cap Gris-Nez, par une lumière qui va jusqu'à 22 milles, et à la pointe d'Alpreck, par un feu de 12 milles.

IV

TOUR DE DOUVRES

Passer sous silence la tour de Douvres, après avoir parlé de celle de Boulogne, serait une injustice flagrante ; ces deux tours sont sœurs, en ce sens que ce furent des mains romaines qui les construisirent, et que leurs destinées furent pareilles, de ce côté-ci et de ce côté-là de la Manche. Il y a toutefois cette différence entre la tour de Boulogne et celle de Douvres, qu'en dépit du brouillard qui enveloppe l'histoire de la première, il n'est pas impossible de le percer çà et là, tandis que pour la seconde ce brouillard est devenu la nuit la plus obscure. Écoutons plutôt Montfaucon : « Voulant m'éclaircir à ce sujet, dit-il, j'ai écrit à quelques amis d'Angleterre, qui ont intéressé Mgr l'archevêque de Cantorbéry à faire faire quelques recherches, tant sur le lieu même, que dans les auteurs anglais qui en ont écrit en leur langue. On m'a envoyé quelques extraits et quelques mémoires, dont la plupart regardent le château de Douvres, et peu parlent du phare. Quelques-uns croient que le phare bâti par les Romains n'était pas cette vieille tour qui subsiste encore aujourd'hui au milieu du château de Douvres, mais un grand monceau de masures, de pierres et de chaux, qu'on voit auprès de Douvres, que les gens du pays appellent, je ne sais pourquoi, *la Goutte du Diable*. D'autres croient que le phare était cette même tour du château, dont on m'a envoyé la description suivante, avec le dessin de ses dimensions :

« Voici le plan et la face extérieure des quatre
« côtés d'une vieille tour située sur une éminence
« vers le milieu du château de Douvres. Sa hauteur
« est de 72 pieds. Elle est longue de 36 pieds, du
« nord au sud, et large de 33, de l'est à l'ouest. Les
« trous ronds faits à dessein sur les trois côtés, et
« les fenêtres en arcades qu'on voit sur tous les
« quatre, font juger qu'elle avait été faite pour dé-
« couvrir de loin. On voit de là toutes les côtes de
« France et une vaste étendue de mer tout autour.
« Selon toutes les apparences, cette tour servait de
« fanal pour guider la nuit ceux qui passaient des
« Gaules dans la Grande-Bretagne. » L'auteur de
la description ajoute que, dans la suite des temps,
les chrétiens en firent une église, et qu'avec quelques bâtiments qu'ils y ajoutèrent, ils lui donnèrent la forme d'une croix. Ce n'est pas tout. Montfaucon ajoute :

« Environ deux ans après (1724) que j'eus reçu

ce dernier mémoire, Mgr l'archevêque de Cantorbéry m'envoya, en estampe, le plan, le profil et
la coupe de l'ancien phare de Douvres, qui n'était
pas cette tour dont je viens de parler, mais un
phare octogone comme celui de Boulogne et à
peu près de la même forme. Ce n'est pas que
la tour carrée n'ait aussi servi de phare; la manière dont elle est percée de fenêtres semble en
être une preuve; mais ce n'a été que depuis que
l'ancienne tour octogone tomba en ruine, ou peut-
être que la tour carrée se trouva mieux située pour
découvrir au loin... La face extérieure de la tour
allait toujours en diminuant depuis le bas jusqu'en
haut, mais la diminution se prenait uniquement sur
l'épaisseur du mur; en sorte qu'il se trouvait extraordinairement épais en bas et beaucoup moins
en haut, ce qui faisait une structure fort solide... »

Ce que dit là Montfaucon est plein de sens; mais
comme le bon bénédictin était assez crédule, malgré
l'excellent sentiment critique qui perce dans ses
écrits, il est bon, croyons-nous, d'attendre que des
travaux plus sérieux soient venus confirmer son
opinion avant de l'adopter complétement.

V

COLOSSE DE RHODES

« Les hommes reçoivent indifféremment les uns
des autres, sans examen, ce qu'ils entendent dire
sur les événements passés, même sur ceux de leur
propre pays... Tant, pour la plupart, dans leur
indolence à rechercher la vérité, ils aiment à adopter sans examen tout ce qui se présente à eux. »
Ainsi s'exprime Thucydide ; et quoique son observation date de deux mille ans, elle n'a point perdu
de sa justesse.

Le spirituel dessin que nous publions en est une
preuve nouvelle. C'est une représentation du Colosse
de Rhodes, d'après l'idée généralement admise que
cette célèbre statue d'Apollon était placée à l'entrée
du port de Rhodes, auquel elle servait de phare, et
qu'elle était d'une si énorme grandeur que les navires passaient à pleines voiles entre ses jambes.

Et d'abord le Colosse de Rhodes n'a jamais servi de phare, ou du moins aucun auteur ancien ne lui donne cet emploi. Le premier écrivain qui en ait fait un fanal est Urbain Chevreau, assez médiocre compilateur du dix-septième siècle, qui ne dit point, et pour cause, où il a puisé ce renseignement. En second lieu, l'attitude traditionnelle du colosse rhodien est également une pure imagination des temps modernes.

Cette seconde erreur est plus ancienne que la première, elle date du seizième siècle, et c'est à Blaise de Vigenère, traducteur de Philostrate, bon gentilhomme du Boulonnais, mais écrivain dépourvu de critique, qu'on doit d'avoir transformé le chef-d'œuvre de Charès, l'élève de Lysippe, en une bizarrerie impossible.

Où Vigenère a-t-il trouvé cela? Il ne le dit pas; il conserve, sur ce point, de Chevreau le silence prudent. On a voulu répondre pour lui, et l'on a cherché. Déjà, dans un très-bon mémoire, inséré parmi ceux de l'Académie des inscriptions, le comte de Caylus avait démontré : 1° que l'Apollon de Rhodes n'avait pas été construit à la bouche du port ; 2° que les vaisseaux n'avaient jamais passé entre ses jambes écartées. Cette assertion ne suffisant pas, on est allé plus loin ; on est allé à Strabon, qui ne souffle mot de ce que dit Vigenère. L'illustre géographe cite un fragment d'une épigramme en vers ïambiques, où se trouvent mentionnés le nom de l'auteur, Charès, de Lindos (ville de l'île de Rhodes) ainsi que les dimensions de son œuvre, 70 coudées. Strabon

Fig. 6. — Colosse de Rhodes selon une fausse tradition.

ajoute que le colosse gît à terre, renversé par un tremblement de terre et brisé aux genoux. « Les Rhodiens, dit-il, ne l'ont pas relevé, empêchés qu'ils en ont été par un oracle. » Et c'est là tout.

On s'est alors adressé à Pline, qui, après avoir confirmé ce qu'avait dit Strabon, fixe la date de la chute de la statue (56 ans après son érection). « Quoique renversée, c'est encore une merveille, dit-il. Peu d'hommes peuvent embrasser son pouce ; ses doigts sont plus grands que la plupart des statues. Ses membres disjoints paraissent de vastes cavernes ; on voit dedans les pierres énormes au moyen desquelles on l'avait pondérée. On dit qu'elle coûta 500 talents, somme que les Rhodiens avaient retirée des équipages de guerre abandonnés devant leur ville par Démétrius, lorsqu'il en leva le siége, fatigué de sa longueur. »

Philon, de Byzance, mécanicien de la fin du troisième siècle avant Jésus-Christ, auquel on attribue un petit traité des sept merveilles du monde, dans lequel se trouve une description encore plus étendue du colosse de Rhodes, ne fait pas non plus allusion à l'écartement des jambes ni au phare. Un autre historien des sept merveilles du monde, Lucius Ampellius, garde le même silence. Mais comme cet auteur aimait à inventer tout aussi bien que Chevreau et Vigenère, il dit : « A Rhodes est la statue colossale du Soleil, placée sur une colonne de marbre, *avec quadrige.* »

Revenons à l'histoire véridique du monument.

Il résulte clairement de ce que dit Pline que le

colosse avait été terminé vers l'an 285 avant notre ère. Quinze ans paraissent avoir été employés pour édifier sa masse, qu'on ne peut pas supposer moindre de 54 mètres. Les Rhodiens avaient reçu, des rois et des peuples de la Grèce, de grands secours en argent pour les aider à relever leurs ruines, et particulièrement la statue ; mais, comme on l'a dit plus haut, ils en furent empêchés par un oracle, ou, ce qui est plus probable, ils employèrent ces sommes à des usages d'une nécessité plus urgente. Le colosse demeura près de neuf cents ans sur le sol, et nous pourrions peut-être encore l'admirer, sans les Arabes, qui le détruisirent, en 672. Mauviah, l'un des lieutenants d'Othman, quatrième calife de l'Islam, s'étant emparé de l'île de Rhodes, le fit dépecer et en vendit les morceaux à un juif qui en chargea un millier de chameaux, s'il faut en croire les chroniqueurs byzantins.

Il nous reste à parler de l'auteur de cette célèbre statue. Selon Pline, elle serait sortie des mains de Charès, de Lindos, élève de Lysippe, dont la vie est inconnue. Strabon et l'auteur anonyme des vers iambiques qu'il cite le nomment également Charès. On trouve, il est vrai, dans un écrit du philosophe pyrrhonien Sextus Empiricus, une anecdote qui attribue l'achèvement du colosse à Lachès, autre Lydien. D'après Sextus, Charès, s'apercevant qu'il s'était trompé de moitié sur la somme qu'il en coûterait pour l'achever, se serait tué dans un accès de désespoir, et en lui succédant Lachès aurait été assez heureux pour mener l'œuvre à sa perfection.

Toutefois, les autorités de Pline et de Strabon nous paraissent devoir être préférées : ce chef-d'œuvre fut vraisemblablement l'œuvre de Charès, de Lindos, tout seul, et à cet illustre élève de Lysippe doit revenir la gloire, comme le dit fort élégamment Philon de Byzance, « d'avoir fait un dieu semblable à un dieu et donné un second soleil au monde[1]. »

[1] *Le Magasin pittoresque* a publié une étude excellente de M. Anatole Chabouilles sur ce monument.

II

LA SCIENCE DES PHARES

I

GOUVERNEMENT DES PHARES

De l'antiquité revenons maintenant à notre temps,
et étudions l'état actuel de l'éclairage des côtes.
Tournons d'abord nos regards vers les rives de
la Manche, vers cette Grande-Bretagne à laquelle
l'art de la navigation doit tant de progrès, et qui
doit elle-même à cette sollicitude pour la marine la
prodigieuse prospérité dont elle jouit. C'est l'Angleterre qui, la première, comprenant toute l'impor-
tance des phares, a fait de leur installation, de leur
éclairage et de leur entretien l'une des plus graves
charges de l'État. La direction des phares britan-
niques est partagée entre trois administrations,
soit autant qu'il y a de royaumes. La première, celle
des feux anglais proprement dits, se nomme *Corporation of the Trinity-House of Deptford Strond* ; la seconde, à laquelle appartiennent les feux écossais,

est la *Corporation of the commissioners of Northern Light-Houses ;* et la troisième, qui a sous sa dépendance l'éclairage et le balisage de l'Irlande, se nomme *Corporation for preserving and improving the Port of Dublin.* Ajoutons que beaucoup de feux du Royaume-Uni sont laissés aux soins des autorités locales.

L'histoire de la Trinity-House est assez ignorée, même des Anglais, un peu parce qu'elle est ancienne, et beaucoup parce qu'une partie des archives de la compagnie a été dévorée par le feu en 1714. Tout ce qu'on sait, c'est qu'elle existe en vertu d'une charte de Henri VIII, datée de Canterbury le 20 mars 1512, charte qui lui donne le titre de *Brotherhood of the Trinity-House of Deptford of Strond and St. Clement.* Ce document débute par cette curieuse déclaration : « D'après le sincère et complet amour et pareille dévotion que nous avons pour la très-glorieuse et indivisible Trinité, et aussi pour saint Clément le Confesseur, Sa Majesté accorde et donne licence, pour l'établissement d'une corporation, ou confrérie perpétuelle, à certains de ses sujets et à leurs associés, hommes ou femmes. »

Le devoir des membres de la corporation ou *guild*, ne paraît pas avoir été autre alors que de prier pour l'âme des matelots noyés en mer et pour la vie de ceux qui luttaient contre la tempête. Ses attributions se multiplièrent plus tard. Les chartes que lui octroyèrent Élisabeth, Jacques Ier, Charles II et Jacques II, lui confièrent la surveillance générale de la marine marchande, et en

certains cas de celle de l'État. L'éclairage des points
dangereux des côtes anglaises fut naturellement
compris dans ce cadre un peu vaste qui fut réduit
d'ailleurs sous Henri VIII. Toutefois les bienfaisantes
lanternes n'avaient pas attendu pour s'allumer cette
organisation de la Trinity-House. Un grand nombre
brillaient déjà lorsque la réforme vint briser les
liens qui retenaient le génie anglais dans les langes
du moyen âge. L'incroyable développement pris par
la marine britannique à partir de cette époque né-
cessita l'établissement de nouveaux feux. Il s'en
éleva de tous côtés et comme par enchantement.
Mais il faut tout dire : ce ne fut pas précisément le
zèle du bien public qui encouragea les architectes ;
ces phares frappaient de droits très-élevés les vaisseaux qui profitaient de leur lumière. Ériger un
phare et l'entretenir constituait donc une industrie
si profitable que les priviléges en vertu desquels ils
existaient, et qui presque tous se trouvaient entre
les mains de la Trinity-House firent naître une foule
d'envieux. Ceux-ci examinèrent la législation en vigueur, et le résultat fut que ces priviléges n'en
étaient pas. Ce fut pendant le règne de Jacques Ier,
qu'on fit cette importante découverte. Une personne
se trouvait surtout intéressée à la faire admettre,
c'était le roi : car, en lui revenant, l'autorisation
d'élever des phares augmentait le nombre des pré-
rogatives de la couronne.

Les prétentions de Jacques Ier embarrassèrent
beaucoup les juges chargés de prononcer sur les droits
de la Trinity-House, et peut-être le procès, comme

beaucoup de procès anglais, fût-il resté pendant, de longues années encore, si les plaideurs ne se fussent décidés à transiger. Il fut décidé que la confrérie des marins serait autorisée à élever des phares, mais que la couronne jouirait du même privilége en vertu de la loi commune. A partir de ce moment, il advint naturellement qu'au lieu de rester, comme l'avait voulu Élisabeth, la propriété exclusive de Trinity-House, le bail et le monopole des feux allumés sur les côtes furent accordés ou vendus par le souverain à certains particuliers.

A partir de cette décision, remarque M. Esquiros[1], il n'y eut pas un coin de rocher nu et désolé qui ne fût convoité par les spéculateurs pour y bâtir une tour et y allumer un fanal. Un ancien ministre d'État fort bien en cour, lord Grenville, écrivait sur son journal en forme de note ou de *memorandum* : « Guetter le moment où le roi sera de bonne humeur pour lui demander un phare. » Il serait difficile de préciser la somme de bénéfices que réalisaient les personnages honorés par le roi de cette marque de bienveillance qui faisait l'objet des vœux de lord Grenville, mais d'après le train que menaient leurs gérants, il est évident que ces bénéfices devaient être immenses.

Les conséquences de ce système ne furent pas heureuses. Quelques-uns des feux éclairaient mal ; d'autres ne s'allumaient point du tout, et dans tous les cas les navires continuaient à payer de grosses taxes. Enfin sous le règne de Guillaume IV, un acte

[1] *Revue des Deux Mondes*, 1864.

du parlement introduisit une certaine uniformité dans l'administration des *light-houses*, et réduisit les droits de péage (*tolls*). Cet acte décida que tous les intérêts du souverain relatifs à la question des phares passeraient entre les mains de la Trinity-House moyennant une somme de 7,500,000 francs. Il autorisa aussi la corporation à racheter les *light-houses* qui appartenaient à des particuliers, ce qui eut lieu, mais non sans des déboursés considérables. Au reste, la corporation a toujours été riche, pas assez cependant, au gré des navigateurs, dont elle frappe toujours les bâtiments de droits très-élevés.

Un mot maintenant de l'organisation intérieure de la Trinity-House. Elle est formée de deux catégories d'associés : les frères aînés, *elder brothers*, et les frères cadets, *younger brothers*. Cette distinction n'existait pas à l'origine. Le prétexte dont on se servit pour exclure les frères cadets de la participation au voie et aux affaires de la Société fut qu'ils se montraient beaucoup trop tumultueux dans les réunions. Aujourd'hui les *younger brothers*, sont choisis d'après le bon plaisir du conseil, sur la proposition d'un des frères aînés. Leur nombre n'est point limité : « Il ne saurait être trop grand, disent les anciennes chartes, parce que les marins représentent la force de la nation. » De nos jours pourtant on n'en compte que trois cent soixante.

Les frères aînés, au nombre de trente et un, doivent être choisis parmi les frères cadets. Nul n'est admis à se présenter, s'il n'a d'abord subi un examen et servi au moins quatre années en qualité de capitaine dans la marine de l'État ou dans la marine marchande. Lorsqu'il est élu, le nouveau frère aîné paye 30 livres sterling pour les pauvres et autant pour un dîner de réception, en tout 1,500 francs.

Les frères aînés, *elder brothers*, se partagent en membres honoraires et en membres actifs. Dès les premiers temps, la compagnie, qui est avant tout d'un pays aristocratique, comprit l'avantage d'appeler dans ses rangs des hommes étrangers à la navigation, mais célèbres par la naissance, la position sociale ou de grands services rendus au pays. En 1673, un évêque de Rochester, ayant prêché devant la corporation le lundi de la Trinité, reçut le baptême de la société. Pitt occupa la dignité de maître durant dix-sept années. Guillaume IV remplissait les mêmes fonctions. Wellington, le prince Albert et lord Palmerston, firent partie de la corporation, et nous y rencontrons aujourd'hui lord John Russell et lord Derby. Ces membres honoraires, au nombre de onze, ne sont point rétribués ; ils ne s'occupent guère des affaires intérieures de la maison, mais on suppose qu'ils lui donnent de l'éclat et de l'influence. Les vingt membres actifs, sur lesquels reposent en réalité les intérêts matériels de la compagnie, sont d'anciens capitaines de vaisseaux de ligne ou de vaisseaux marchands retirés du service de la mer. Ajoutons que le conseil de Trinity-House se compose de vingt membres répartis en six comités dont les fonctions sont très-diverses ; car, indépendamment du soin que la société doit prendre de l'éclairage des côtes il faut encore qu'elle s'occupe de nommer les pilotes et de leur délivrer des brevets de capacité ; elle surveille le lestage des navires dans la Tamise ; établit ou entretient tous les signaux de reconnaissance (*sea marks*) ; examine les enfants de *Christ's Hospital*, qui se destinent à la marine ; recueille les revenus et prend soin des pensionnaires dans les maisons de refuge qui lui appartiennent. Ses chartes lui confèrent en outre le droit de punir les matelots pour cause de révolte, de mauvaise conduite ou de désertion.

L'histoire des deux autres corporations anglaises est moins volumineuse. La Commission des phares du Nord incorporée par un acte de George III, se compose de deux magistrats de la couronne, de shérifs de quelques comtés maritimes, des prévôts de certains bourgs royaux et du prévôt de Greenock. Établie spécialement en 1786, par un acte du Parlement pour diriger les phares et fanaux de l'Écosse, elle est soumise en quelques circonstances au contrôle de la Trinity-House et à l'approbation du bureau du commerce (*Board of trade*). Les fonctions de ses membres sont gratuites.

Le bureau du ballast de Dublin, qui a sous sa surveillance l'éclairage des côtes irlandaises, se compose de membres qui sont tous négociants, banquiers, magistrats, directeurs de chemin de fer, et en fait de marins on n'y rencontre qu'un ancien officier autrefois commandant d'un garde-côte.

On le voit par leur composition, les administrations des phares anglais ont une base défectueuse ; les faits l'ont prouvé, et nous aurons l'occasion de faire remarquer combien les progrès de nos voisins ont été peu sensibles dans la science des phares. Ils ont montré plus d'initiative dans la construction de leurs édifices. Cependant en 1845, tandis que l'éclairage des côtes françaises était presque complet, la Grande-Bretagne ne comptait qu'un nombre de phares relativement restreint ; elle tient mieux son rang de grande puissance maritime aujourd'hui. Sur 2405 milles nautiques de côtes, l'Angleterre possède 171 phares, soit 1 phare pour 14 milles. En Écosse, pour 4469 milles, il y a 113 phares, soit 1 pour 39, 5 milles. En Irlande, sur 2518 milles on compte 73 phares. La France a 224 phares pour ses 2,765 milles de côtes, soit 1 pour 12, 5 milles, ce qui suffit amplement à son éclairage.

Remarquons en passant qu'en 1819 nous ne possédions que 10 phares et 20 petits fanaux : quarante ans ont suffi pour compléter notre éclairage. Et pourtant, chez nous l'administration des phares remonte moins haut qu'en Angleterre : elle date seulement du commencement de ce siècle ; elle est aujourd'hui entre les mains du ministère du commerce, de l'agriculture et des travaux publics, représenté par une Commission composée d'officiers de marine, d'ingénieurs hydrographes, de membres de l'Institut et d'autres personnages versés dans les sciences se rattachant à la navigation. La direction générale du service est laissée à un inspecteur général des ponts et chaussées, ayant sous ses ordres d'autres ingénieurs chargés, dans chaque district maritime, de la surveillance, de la construction et de l'administration des édifices. Cette direction a des ateliers spéciaux à Paris où elle fait l'essai des appareils d'éclairage, et où les fabricants viennent prendre les instructions nécessaires à la construction de toutes les parties de l'appareil, y compris les calculs des angles, pour les prismes et les courbes, pour les lentilles, etc. Nous verrons plus loin les résultats donnés par cette organisation dont l'un des principaux est l'économie. Le chiffre des dépenses annuelles pour le service de nos feux ne dépasse pas 800,000 francs. Il faut ajouter à la louange de notre pays qu'à l'exemple des États-Unis il ne rentre pas dans l'argent qu'il consacre à l'établissement et à l'entretien des phares; il considère l'éclairage de nos côtes, non comme une branche des revenus publics, mais comme une œuvre d'humanité. Ne serait-il pas à souhaiter que l'Angleterre pensât de même?

Le siége de la Trinity-House est à Londres; pénétrons-y avec M. Esquiros. « En face de la Tour de Londres, ou plutôt des anciens fossés de la citadelle, convertis en une promenade charmante, dit-il, s'étend une belle place avec un tapis vert tout bordé d'arbustes, et derrière ce square s'élève un édifice qui semble s'isoler à dessein du bruit et de la multitude; c'est la maison de la Trinité. Le siége de cette importante société maritime était autrefois dans Water-Lane, d'où elle fut en quelque sorte chassée par deux incendies; pouvait-elle d'ailleurs mieux choisir que le voisinage de la Tamise, des docks et des mâts de vaisseau qui la couronnent à distance, comme les parcs ou les forêts de grands arbres entourent de loin les manoirs de l'aristocratie anglaise. Les principaux traits de l'édifice, construit en 1793 par Wiatt, consistent en un soubassement massif surmonté d'un seul étage, orné de colonnes d'ordre dorique et de pilastres, le tout bâti en pierre de Portland ; sur la façade, des génies qu'à leur face ronde et joufflue on prendrait volontiers pour des amours, tiennent à la main des ancres, des compas, des cartes marines. Ces emblèmes indiquent assez bien le caractère de l'institution. L'intérieur est occupé au rez-de-chaussée par les bureaux ; l'étage supérieur contient de belles salles dans lesquelles le public n'est point reçu, mais qu'on me permit de visiter. Un noble vestibule conduit à un double escalier de pierre, dont l'une et l'autre branche, après avoir servi des directions opposées, se réunissent à un palier central, rehaussé d'ornements et de sculptures. A droite, dans un demi-cercle décrit par la muraille, s'encadre un grand tableau à l'huile du neveu de Thomas Gainsborough, représentant d'anciens « frères aînés, » groupés avec leur uniforme dans une assemblée de famille. Le secrétaire qui a passé cinquante ans dans la maison, et qui a vu de près la plupart de ces figures, déclare qu'elles revivent sur la toile : sans les avoir connues, on parierait pour la ressemblance. A gauche sont inscrits sous de grands panneaux de verre les noms des bienfaiteurs de l'établissement, et les sommes d'argent qu'ils ont léguées (*benefactions*). Des portes d'acajou massif introduisent le visiteur dans la salle du conseil (*bourd room*), dont le plafond, peint en 1796, par un artiste français, Rigaud, et tout chargé d'allégories, nous montre la prospérité de l'Angleterre naissant de la navigation et du commerce. Le Neptune britannique s'avance triomphant, entouré par les chevaux de mer et servi par les tritons. D'une main, il porte un trident, de l'autre le bouclier du Royaume-Uni. Des canons et d'autres instruments de guerre protégent sa marche, tandis que des génies agitent l'étendard de la Grande-Bretagne. Passe encore pour l'étendard; mais les canons! n'est-ce point abuser de l'anachronisme même en peinture? D'un autre côté, Britannia, assise sur un rocher, reçoit dans son sein les produits des contrées lointaines. Des nymphes de mer accourent de tous les points chargées de richesses, et des marins répandent sur les rivages de l'Angleterre ces fruits du commerce. Des enfants secouent des torches représentant les lumières des phares qui entourent les côtes des Iles-Britanniques, et qui dirigent pendant la nuit les mouvements des navires. Les murs de cette salle sont décorés de portraits en pied de George III et de Guillaume IV, avec leurs femmes, car la royauté elle-même n'est point étrangère aux annales de Trinity-House, et les souverains s'honorent de figurer sur les insignes de la confrérie dont ils ont été les membres et les patrons. Le portrait du duc de Wellington, par Lucas, passe pour le meilleur qui existe du vainqueur de Waterloo. Les bustes de la reine Victoria et du prince Albert, taillés dans le

marbre blanc, par Noble, un des rares statuaires vivants qui soient arrivés à la célébrité en Angleterre,
reposent solennellement aux deux coins de la cheminée. Vingt fauteuils rangés autour d'une vaste
table échancrée en demi-lune et recouverte d'un
tapis vert marquent les places des membres du conseil durant les séances. Les associés de Trinity-House
ont pensé avec Ben Jonson que les bons repas entretiennent la fraternité. Leur salle à manger (*di-
ning room*), éclairée par une sorte de lanterne ronde
qui surmonte le plafond, étale ce qu'on aimerait à
appeler un luxe tranquille et substantiel. On y remarque le buste de Pitt, par Chantrey, les portraits
du comte de Sandwich, du duc de Bedford, de sir
Francis Drake, et surtout celui de Kenelm Digby,
par van Dyk. De distance en distance, d'excellents
modèles de phares en relief, et conservés sous
verre, rappellent au visiteur le but sérieux de cette
société, fondée par Henri VIII. »

Notre Commission des phares est moins luxueuse-
ment installée. En revanche, elle possède un musée
que l'on peut dire sans rival. On y trouve, à côté
des réductions des phares modernes, les modèles
des phares les plus anciens, depuis l'informe tour
sur laquelle on brûlait de la houille jusqu'à l'élégant édifice des Héaux de Bréhat. On y a rassemblé
également les spécimens de tous les appareils catoptriques ou dioptriques qui ont été ou sont encore
en usage, ainsi que des modèles de bouées, de balises, cloches, etc. Le musée des phares est aussi le
dépôt central où sont expérimentés, reçus, pour

être ensuite dirigés sur les ports, tous les éléments de l'éclairage maritime. Ce dépôt[1] est dirigé par M. Émile Allard, ingénieur en chef des ponts-et-chaussées.

Un dernier mot sur l'administration des phares.

« On publie beaucoup de dictionnaires géographiques, hydrographiques, topographiques, chorographiques, etc., écrivait le baron de Zach, en 1821. Il serait à souhaiter qu'on en fît un *pharographique*, qui ne contiendrait que la description, les vues, les instructions sur les fanaux, et les moyens pour bien s'en servir. Un tel ouvrage serait très-utile aux navigateurs qui sont obligés de chercher ces notices dispersées dans une foule de livres publiés en toutes sortes de langues. »

Ce vœu du baron de Zach a été entendu. En 1828 une première liste des phares pour la Grande-Bretagne et l'Irlande fut publiée à Leith, par Stevenson. Depuis lors l'*Hydrographical office* n'a pas cessé de donner tous les ans une liste des phares allumés, non-seulement dans les Îles-Britanniques, mais sur toutes les mers du globe. En France, le premier travail de ce genre parut en 1829; il est dû à Coulier, qui continua cette publication jusqu'à sa mort. Malheureusement Coulier n'appartenant pas à la marine ne put pas donner à son œuvre toute la perfection qu'elle comportait, et vint un jour où, sur les réclamations des navigateurs, l'État dut se

---

[1] On vient de faire disparaître l'édifice qui contenait ce musée et qui était situé à Paris, quai de Billy, mais pour le reconstruire place du roi de Rome.

substituer au laborieux pharographe. Comme l'Angleterre, la France publie aujourd'hui une liste générale des phares allumés dans les deux mondes. Ce travail s'exécute sous la direction du directeur général du dépôt des cartes et plans de la marine.

II

DISTRIBUTION GÉOGRAPHIQUE DES PHARES

Lorsqu'on suit les côtes de France, il est difficile
de ne point remarquer les variétés qu'offrent la
situation des phares, le rayonnement particulier à
chacun d'eux, etc. C'est que chaque phare a sa
langue ; c'est que chacun parle à sa façon au navigateur qui le consulte d'un regard inquiet. Celui-ci
annonce un port, et celui-là un écueil. Tel s'aperçoit à 27 milles et tel autre n'est perceptible qu'à
5 milles[1]. Tel est fixe, et rayonne sans cesse, comme
une brillante étoile ; tel, plus mystérieux, émerge
subitement de la nuit, projette au loin son éclat
bienfaisant et s'éteint tout à coup pour reparaître
quelques moments plus tard, radieux, sur l'horizon.
Tous enfin n'ont pas la même couleur. Quelques-
uns sont rouges, les autres blancs, bleus ou verts.

[1] Mille marin de 60 au degré ; 1,852 mètres en chiffres ronds.

Cette diversité dans la portée des feux et dans leur aspect a des motifs qu'il n'est pas inutile de faire connaître.

Le système d'éclairage généralement adopté consiste à entourer la côte de trois cercles de lumière : le premier composé de phares à grande portée, indique le continent. C'est avec raison qu'on a jugé qu'il importait avant tout de signaler au navigateur arrivant du large l'approche de la terre, puisque c'est près de la terre que la navigation est exposée aux plus grands dangers. Le littoral présente de distance en distance des caps qui avancent plus ou moins, ou bien des îles, des récifs, des écueils qui doivent être évités. C'est sur ces promontoires ou ces roches que sont établis les phares de premier ordre ; et on les a espacés de telle sorte qu'il soit impossible, à moins d'une brume intense, d'arriver près de terre sans avoir au moins l'un d'eux en vue.

Lorsqu'il a franchi cette première ligne de lumière, le navigateur rencontre un second cercle de feux, composé de phares de second et de troisième ordre, qui indiquent les caps secondaires, les écueils, les bancs de sable dont il est prudent de se tenir éloigné. Lorsque l'embouchure d'un fleuve ou l'entrée d'un port n'est accessible, ce qui est fréquent, que par des passes assez étroites, dont un pilote même ne saurait reconnaître la direction pendant la nuit, d'autres feux de même ordre sont placés dans l'alignement du chenal et montrent quelle route il faut tenir. C'est ainsi que l'entrée de la Gironde se trouve signalée par onze feux de premier, de second et de troisième ordre.

Enfin quand le navire est arrivé près du port qui est le but de son voyage, il aperçoit sur les jetées de simples fanaux, des feux de quatrième ordre d'une bien moindre puissance, qui le guident encore jusqu'à ce qu'il ait pénétré dans le chenal.

Les points à éclairer une fois déterminés, la tâche la plus délicate à remplir était de distinguer entre eux ces points lumineux. Les précieuses acquisitions de Fresnel et des ingénieurs qui ont suivi ses traces en ont fourni les moyens.

Dans le principe, il y eut quelque embarras. Ainsi, le programme arrêté par la Commission des phares en 1825 n'admettait que trois caractères pour les phares de premier ordre : le feu fixe, le feu à éclipse, de minute en minute, et le feu à éclipse, de demi-minute en demi-minute. Mais on s'aperçut bientôt que les marins du commerce ne tenaient pas un compte suffisant des différences observées entre les intervalles des éclipses ; de plus, le nombre des phares ayant dû se multiplier au delà des prévisions de 1825, il fallut, bon gré mal gré, admettre une plus grande quantité de caractères distinctifs.

Ces caractères sont au nombre de sept aujourd'hui, qui sont : les feux *fixes*, *à éclats*, *fixes variés par des éclats*, *tournants*, *intermittents*, *alternatifs et scintillants*. Le feu *à éclats* est celui dont la lumière montre alternativement 5 éclats et 5 éclipses ou plus dans l'intervalle d'une minute. Dans le feu *fixe à éclats*, à la lumière fixe succède un éclat blanc ou rouge, précédé ou suivi de courtes éclipses, et à des intervalles qui varient de une, deux, trois ou quatre minutes. La lumière du feu *tournant* augmente graduellement jusqu'à ce qu'elle jette sa plus vive clarté, et décroît ensuite de la même façon jusqu'à s'éclipser à des intervalles égaux de demi-minute en demi-minute, ou d'une, deux, trois minutes, et souvent trois fois dans la même minute. On nomme *intermittent* le feu dont la lumière paraît tout à coup, reste visible pendant un moment, pour s'éclipser ensuite pendant un court intervalle. La lumière du feu *alternatif* paraît alternativement rouge et blanche, sans éclipse intermédiaire. Le feu *scintillant* est d'invention toute récente. Il est produit par un appareil dont les éclipses ne sont espacées que d'une seconde et demie et donnent le scintillement qui lui a valu son nom. Cette invention, qui est française, n'a encore reçu qu'une application.

En résumé, il résulte des dispositions que nous venons de faire connaître, qu'elles permettent au navigateur de déterminer le point sur lequel il se trouve. Et pourtant, nous l'avons dit, le nombre des phares n'est pas immense ; il n'est pas nécessaire non plus qu'il le soit. Une côte n'est pas comme une rue, qui nous semble d'autant mieux éclairée qu'elle possède plus de becs de gaz. Si un littoral était trop illuminé, le navigateur ne découvrirait jamais qu'une même et confuse ligne de feu. En limitant, au contraire, le nombre de ces guides

lumineux et en en variant habilement les apparences, la distinction est rendue plus sûre et plus
facile, et l'un des mérites de la Commission est
d'avoir fait dominer ce principe qui est aujourd'hui
celui de toutes les grandes puissances maritimes.

III

L'AME DES PHARES

Nous avons vu, en remontant à l'origine de l'éclairage des côtes, que, si les anciens surent élever de hautes tours, de magnifiques monuments, la façon dont ils les illuminèrent fut très-naïve. Le moyen âge ne fut guère plus ingénieux, et ce n'est qu'à une époque voisine de nous qu'on vit pour la première fois le bois et la houille remplacés par des chandelles, et ce foyer à ciel ouvert protégé par des vitres. Plus tard, à la fin du dix-huitième siècle, nous trouvons substituées à ces insuffisants producteurs de lumière des lampes dont l'éclat était renvoyé au loin par des réflecteurs de métal poli. Plusieurs des phares de cette époque possédaient de ces appareils, entre autres ceux des caps de l'Ailly et de la Hève, des îles de Ré et d'Oléron. En 1782, on avait établi ce genre d'éclairage à Cordouan ; mais, quoique ce phare ne comptât pas moins de quatre-vingts lampes, accompagnées chacune d'un réflecteur, il répandait une lueur si faible, que les navigateurs demandèrent instamment qu'on en revînt au système barbare du moyen âge.

L'appareil dont on se plaignait était, il est vrai, assez défectueux ; ces lampes, peu différentes des lampes que laissèrent s'éteindre les sept vierges folles de l'Évangile, étaient à mèches plates, et si elles ne produisaient que fort peu de lumière, en revanche elles donnaient énormément de fumée. Il était donc logique qu'on s'occupât d'abord de la lampe. Ce fut Argant qui se chargea de ce soin. Vers 1784 ce physicien inventa le bec à double courant d'air, lequel se compose, ainsi que chacun peut le voir par la première lampe venue, d'une mèche, en forme de cylindre creux, renfermée dans une cheminée de verre. La chaleur due à la combustion de l'huile produit un tirage énergique qui fait circuler l'air en abondance à l'intérieur et à l'extérieur ; et l'air, pour la lampe, comme pour l'homme, l'animal et la plante, c'est la vie. Plus tard, vinrent les perfectionnements. On rétrécit la cheminée en verre à une petite distance au-dessus du bec, afin de projeter plus directement le courant d'air sur la flamme et activer la combustion. A son tour Carcel imagina d'amener l'huile sur la mèche en quantité surabondante, afin d'éviter l'échauffement du bec et de rendre la flamme plus régulière ; il réussit ainsi à faire marcher les lampes pendant un plus

long espace de temps sans qu'elles aient besoin
d'être mouchées.

Restaient les réflecteurs. Courbés en forme de
segment sphérique, ceux-ci ne recevaient qu'une
faible partie des rayons lumineux et les ren-
voyaient rarement dans la direction convenable.
L'ingénieur en chef de la province de Bordeaux,
Teulère, qui devait s'illustrer plus tard par l'exhaussement de Cordouan, fut chargé d'examiner lampes
et réflecteurs, et d'étudier les moyens de re-
médier au mal. Ses études furent l'objet d'un mémoire remarquable, publié en 1785. Pour conduire
dans une direction unique les rayons qui se per-
daient de tous côtés, il proposait des miroirs ou
réflecteurs d'un poli parfait et d'une forme meilleure. En faisant tourner ces miroirs autour d'une
lampe, c'est-à-dire en projetant successivement
vers tous les points de l'horizon la lueur formée
de tous les rayons ainsi rassemblés en un seul
faisceau, il imagina du même coup l'*éclipse*.

Ce ne fut pas à Cordouan toutefois que le système
fut appliqué, ainsi que paraît le croire Arago, mais à
Dieppe, où le célèbre Borda, ayant pris connaissance
du mémoire de Teulère, fit exécuter, en 1784, un
petit appareil tournant, composé de cinq réflecteurs
paraboliques[1]. L'appareil de Cordouan, également

---

[1] Pour être plus exact que ne l'ont été la plupart des auteurs qui
ont écrit sur les phares, et particulièrement Arago, il faut ajouter
qu'un petit appareil tournant, à trois réverbères (probablement à
coquilles sphériques) avait été installé à l'entrée du port de Mars-
trand (Suède) antérieurement à 1785. L'ingénieur français n'en a pas
moins inventé de son côté, et a eu le mérite d'imaginer un système

établi par Borda, ne fut placé sur la tour qu'après la restauration de Teulère, c'est-à-dire en 1790.

Ce mode d'éclairage, qui constituait un immense progrès eut un grand retentissement. La plupart des puissances maritimes l'adoptèrent avec empressement, et, jusque dans ces dernières années, il a été exclusivement employé sur le littoral de l'Angleterre. On en fait moins d'estime en France, ce qui n'est pas dire qu'on y ait renoncé ; nous nous servons encore des appareils catoptriques pour l'éclairage des passes étroites, ou pour former l'un des feux de direction d'un chenal ; pour renforcer, dans une direction déterminée, un feu dont la portée est suffisante dans le surplus de l'horizon maritime ; pour illuminer les feux flottants ; enfin, pour constituer des appareils d'éclairage provisoires.

Tel est l'appareil que représente le dessin ci-dessous, en plan et en élévation. On voit qu'il se compose de neuf réflecteurs groupés trois à trois. Une petite machine de rotation met le système en mouvement, et l'on obtient des éclipses plus ou moins rapprochées, suivant la vitesse dont elle est animée. La portée de cet appareil est de 15 milles environ.

si complet et si rationnel dans toutes ses parties, qu'on n'a rien trouvé depuis à ajouter à sa conception.

M. Léonce Reynaud dit que c'est à tort également qu'on attribue à Argant l'idée de la lampe à double courant d'air. C'est encore à Teulère que l'invention devrait en partie retourner. Au reste, cet ingénieur, qui a réclamé la priorité à propos des réflecteurs et du système des éclipses, n'a pas insisté en ce qui concerne la lampe. Il se borne à dire qu'Argant a eu la même idée que lui et en a tiré grand profit.

Si important que soit ce progrès, on ne saurait cependant le considérer comme capital, lorsqu'on examine les résultats et surtout lorsqu'on le com-

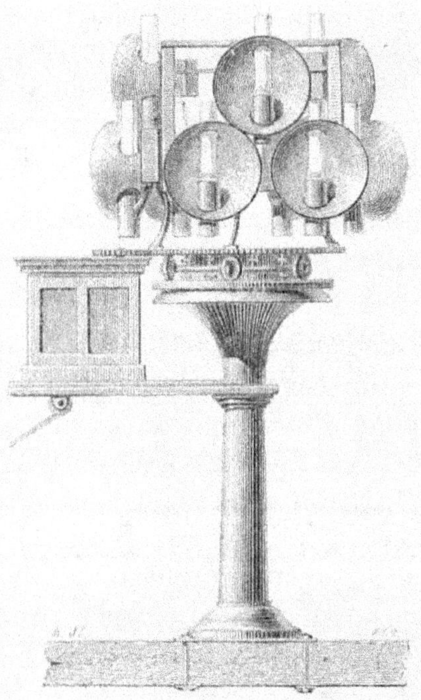

Fig. 7. — Appareil catoptrique.

pare à ceux qu'a fait faire, à l'éclairage des côtes, le système dioptrique.

Si les appareils catoptriques ont l'avantage d'être légers et peu dispendieux, leurs miroirs, qui en sont l'élément indispensable, se ternissent vite et perdent leur poli sous l'influence corrosive de l'air marin; il en résulte une fâcheuse déperdition de lumière. Enfin, même quand ces miroirs sont neufs et en parfait état, ils absorbent et éteignent, au lieu de la réfléchir, une forte partie de la lumière incidente. N'y avait-il rien de mieux à trouver? C'est ce que se demanda la Commission des phares, lorsqu'au commencement de ce siècle, elle fut réunie pour aviser aux moyens de donner à nos côtes un éclairage plus rationnel que celui dont elles étaient en possession. Et c'est par l'affirmative que l'un de ses membres, Augustin Fresnel, répondit.

Mais avant de parler de l'œuvre, parlons de l'homme.

C'est à Broglie, près Bernay (Eure) que naquit, le 10 mai 1788, Jean Augustin Fresnel. A huit ans le futur savant ignorait la plupart de ses lettres, ce qu'il faut attribuer, dit un de ses biographes, moins à sa complexion délicate qu'à un dégoût prononcé pour l'étude des langues, et en général pour les exercices qui ne s'adressent qu'à la mémoire. En revanche, à neuf ans, il s'était déjà distingué par des recherches expérimentales faites dans le domaine de la physique, qui engagèrent ses parents à le diriger vers l'École polytechnique, d'où il sortit ingénieur des ponts et chaussées.

En 1819, il remportait le prix proposé par l'Académie des sciences sur la question si difficile de la diffraction de la lumière. Ses études s'étaient d'ailleurs portées de bonne heure sur l'étude de l'optique, et pour ce motif, lorsque le gouvernement eut formé la commission des phares, Arago, qui en était le président, songea aussitôt à Fresnel qu'il s'attacha comme secrétaire.

Fresnel connaissait la propriété que possèdent les lentilles convexes de réfracter à peu près parallèlement à leur axe tous les rayons émanés de leur foyer. Comme Buffon et Condorcet, que la solution du problème avait déjà préoccupés, mais dans un but tout théorique, il se demanda si, en établissant les lentilles en échelons, on ne pourrait pas tirer parti de cette disposition, pour corriger l'aberration de la sphéricité, défaut d'autant plus grave que les lentilles sont plus grandes, et par suite, se rendre maître des rayons d'une lampe.

Transportons-nous au haut d'un phare, et laissant de côté les mécanismes qui font mouvoir l'appareil, pénétrons dans la lanterne. Jetons les regards dans l'intérieur de cet immense diamant qu'on nomme un *appareil dioptrique*. Ce que nous y voyons d'abord, c'est la lampe. Comme le feu qui brille au front de l'édifice est l'âme du phare, la lampe est l'âme de l'appareil. Aussi est-ce d'elle que s'occupa Teulère, lorsqu'il perfectionna le système catoptrique, et est-ce d'elle encore que s'occupèrent Arago et Fresnel, lorsqu'ils eurent à perfectionner à leur tour l'œuvre de Teulère, d'Argant et de Borda. Seulement tous les phares n'ont pas la même lampe. Dans tel phare, c'est la lampe Carcel, où l'huile est aspirée jusqu'à la mèche par un mouvement d'horlogerie, dont on fait usage ; dans cet autre, c'est la lampe modérateur à poids, où une masse pesante, en déroulant un treuil, produit le même office ; ailleurs enfin, dans les fanaux de faible portée s'entend, c'est la lampe à niveau constant, où le réservoir à huile est placé sur le côté et à la même hauteur que le bec, qu'on a rendue réglementaire. Approchons-nous cependant et regardons : en voici une qui diffère quelque peu de la lampe que nous avons décrite. Nous y constatons un perfectionnement dont l'idée revient à un Anglais.

A l'époque où Teulère et Argant faisaient faire à la lampe les progrès dont nous avons parlé, Rumford, cherchant à améliorer encore la découverte, se demanda si en adaptant à cette lampe des becs à plusieurs mèches concentriques, on n'en amplifierait pas le pouvoir éclairant. L'essai fut tenté, mais ne réussit point : on éprouva beaucoup de difficultés à régler la flamme de ces mèches multiples et à empêcher leur carbonisation sous l'action de la chaleur intense que leur réunion développait. C'est par l'étude de cette question que Fresnel et Arago préludèrent à leurs belles expériences sur l'éclairage des phares. Après des tentatives réitérées, ces deux savants arrêtèrent le type de la lampe devant laquelle nous venons de nous arrêter, instrument remarquable non-seulement par la blancheur et l'intensité de sa lumière, mais aussi par la longue durée de sa marche ; car elle peut fonctionner plus de douze heures sans qu'il soit nécessaire d'y toucher. Et l'on comprend si ce dernier avantage est important lorsqu'il s'agit de feux devant rester allumés pendant toute la durée des plus longues nuits d'hiver.

Aujourd'hui les phares de troisième ordre sont

éclairés par des lampes à deux mèches concentriques, ce qui constitue en quelque sorte deux lampes en une seule. Il y a trois mèches dans les lampes des phares de second ordre, et quatre mèches dans ceux du premier ordre. Dans ces derniers on arrive à produire avec un seul appareil d'éclairage, l'éclat de vingt-trois lampes Carcel. Le foyer lumineux, doué d'une si grande puissance, ne présente cependant qu'une flamme de largeur médiocre, et la lumière en est aussi blanche que brillante.

Ajoutons à ces détails que le combustible préféré en France est l'huile de colza (*brassica campestris*) qui se cultive sur plusieurs parties de notre territoire, notamment dans le département du Nord et en Normandie. Cependant la plupart de nos feux de quatrième ordre emploient l'huile de pétrole ou l'huile de schiste, et la lumière électrique tend à s'installer dans ceux de nos phares de premier ordre situés sur le continent. Les autres modes de production de lumière ont été repoussés après examen approfondi.

La lumière électrique n'est encore en usage que dans les phares de la Hève. Le mécanisme qui produit les courants se compose de deux machines à vapeur, chacune de la force de cinq chevaux de 75 kilogrammètres, et de quatre machines électro-magnétiques à six disques, composés chacun de seize bobines. Il est installé dans un bâtiment spécial, à égale distance des deux tours. Dans l'état ordinaire de la transparence atmosphérique, une seule machine à vapeur est en feu et met en mouvement une ma-

chine magnéto-électrique par phare. En temps de
brume, les deux machines à vapeur sont en activité,
et chaque phare reçoit les courants des deux machines magnéto-électriques, qui sont alors associées.

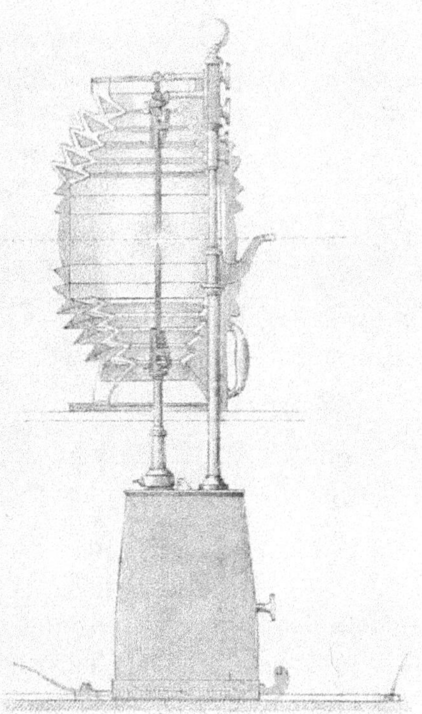

Fig. 8. — Appareil électrique à feu fixe.

L'un et l'autre phares sont munis de deux appareils
lenticulaires superposés dans la même lanterne. Les
régulateurs de la marche des charbons ont été inven-
tés par M. Serrin, dont le but a été d'augmenter
leur sensibilité et par suite la régularité de la
lumière, laquelle ne laisse aujourd'hui que bien

peu à désirer. On évalue à 200 becs de Carcel l'intensité moyenne de la lumière produite par une machine à six disques. L'intensité du faisceau émané de l'appareil lenticulaire illuminé de la sorte s'élève à 5,000 becs.

La lumière électrique n'est encore appliquée qu'à des phares à feu fixe, car il faut des dispositions spéciales dans les appareils lenticulaires pour pouvoir l'employer avec les mêmes avantages à la production des feux à éclipses. Des études ont été faites dans ce sens et ont donné une bonne solution du problème. « En ce moment, écrivait récemment M. Léonce Reynaud au ministre des travaux publics, on construit des appareils dont les uns reproduisent les divers caractères des feux actuels, dont les autres donneront des caractères nouveaux permettant de prévenir les confusions mieux encore qu'on ne le fait actuellement, et qui tous présenteront des éclats d'une intensité de beaucoup supérieure à ce qu'on a vu jusqu'à ce jour. »

Malheureusement dans l'état actuel de ses conditions mécaniques, l'éclairage électrique ne semble pas susceptible de prendre une très-grande extension sur notre littoral. Il n'est pas applicable économiquement aux feux qui ne réclament pas beaucoup d'intensité, et ce sont les plus multipliés, et, d'un autre côté, le développement de constructions qu'il exige, les chances d'accident qu'il présente, la quantité de charbon qu'il consomme sont des obstacles à son emploi dans les phares isolés en mer, dont les communications ne sont pas assurées et où il y a grand intérêt à réduire, autant que possible, l'étendue de l'édifice ainsi que la masse des transports. Quoi qu'il en soit, la lumière électrique paraît appelée à rendre de grands services à la navigation sur tous les points qu'elle signalera, et de même que les deux inventions capitales que présente l'histoire, en réalité toute moderne, de l'éclairage maritime, celle des réflecteurs paraboliques d'abord, puis celle des appareils lenticulaires, elle constitue un progrès marqué sous le triple rapport de l'intensité des feux, de la diversité des caractères et du prix de revient de l'unité lumineuse.

Retournons maintenant à l'invention de Fresnel. Celle-ci est basée sur les lois de la réfraction de la lumière, lois bien connues de tous nos lecteurs[1]. Ils savent que les rayons qui tombent sur une lentille ne vont converger en un même point que si l'on écarte les rayons périphériques. Ils savent aussi que la quantité de lumière envoyée en un point croît avec l'ouverture de la lentille qui est l'angle sous lequel elle est vue du foyer principal. Si donc on réduit la partie utile, on diminue l'éclairement. On sait encore qu'une lumière arrive avec une intensité donnée en des points d'autant plus éloignés que son intensité à l'unité de distance est plus grande, et que les rayons réfractés sont moins dispersés dans l'espace. Ce sont ces inconvénients que Fresnel a voulu éviter. Les lentilles ordinaires ne pouvant pas avoir plus de

[1] On peut lire sur ce sujet le chapitre consacré aux *Lentilles* par M. F. Marion dans ses *Merveilles de l'optique*.

10 à 11 degrés sans qu'il s'en suive une aberration longitudinale assez considérable, il construisit des lentilles à échelons qui supportent une ouverture de 40 degrés et reçoivent par suite environ neuf fois plus de lumière. Leur épaisseur étant aussi moins grande que celle des lentilles ordinaires, il y a moins de perte par absorption. Elles se composent d'une partie centrale qui est un segment de sphère à une base ; autour sont plusieurs anneaux encadrés dans un chassis métallique, en général carré.

La figure suivante, qui représente un fragment du profil d'un appareil dioptrique donne une idée

Fig. 9. — Appareil dioptrique.

suffisante de la façon dont les rayons partis du foyer d'une lampe se comportent lorsqu'ils ont à

suffisante de la façon dont les rayons partis du foyer d'une lampe se comportent lorsqu'ils ont à traverser la lentille, ses échelons et les anneaux placés au-dessus et au-dessous de cette lentille, et qui achèvent, ainsi que nous le disons, plus loin l'œuvre de celle-ci.

Lorsque le tambour est circulaire au lieu d'être polygonal, les lentilles sont cylindriques et non annulaires; les rayons lumineux sont uniformément distribués dans le plan horizontal, et ils se comportent, dans une section méridienne, de la même manière que ceux des lentilles annulaires.

Cependant il n'y a pas seulement des lentilles dans un appareil dioptrique par cette raison que la lampe n'éclaire pas seulement le tambour. Les rayons passant au-dessous de ce tambour éclaireraient inutilement le pied du phare, et ceux qui s'élèvent au-dessus se répandraient dans les parties supérieures de l'atmosphère, et seraient, par conséquent, tous perdus pour l'éclairage maritime, si Fresnel n'eût pas songé à les recueillir, les rassembler et les envoyer où les lentilles envoyaient déjà les autres. Ce moyen, il est tout dans ces anneaux de verre cylindriques qui, au-dessus et au-dessous des lentilles coiffent le tambour pour ainsi dire, ou lui servent de pied, en s'élargissant à mesure qu'ils se rapprochent du centre de l'appareil.

La figure ci-dessous montre quelle est la marche d'un rayon lumineux dans l'un de ces anneaux, dits anneaux catadioptriques. Parti du foyer F au sommet de l'angle formé par GJ, il se réfracte en A, suit la direction AB, éprouve une réflection totale sur la surface MN, prend la direction BC, enfin sort de l'anneau suivant la ligne horizontale CH.

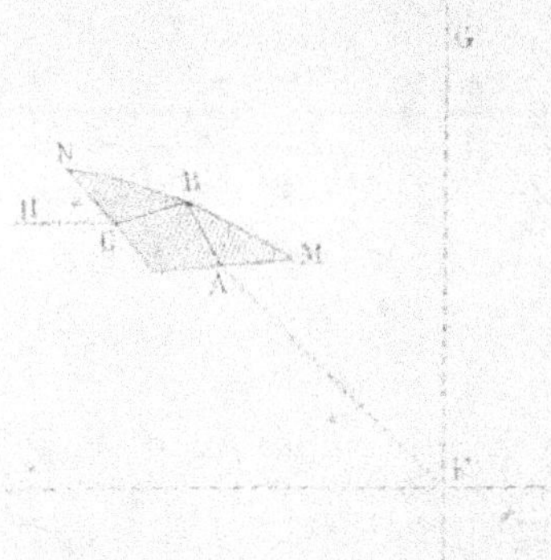

Fig. 10.

Fresnel n'arriva pas à la solution du premier coup, par suite du manque absolu d'ouvriers où se trouva tout d'abord l'industrie qu'il venait de créer. Mais peu à peu ceux-ci se formèrent; il eut d'ailleurs le bonheur de trouver dans un opticien de grand mérite, Soleil, l'aide dont il avait besoin pour entreprendre sur une large échelle la construction des nouveaux engins. Plus tard la fabrication des phares étant devenue l'objet d'un commerce considérable, il se fonda plusieurs fabriques qui prospérèrent d'autant mieux que les étrangers renoncèrent de bonne heure à lutter avec elles, et leur laissèrent approvisionner d'appareils lenticulaires toutes les nations maritimes.

Le verre aujourd'hui employé est celui de Saint-

Gobain. Incolore, dur, homogène, ce verre n'absorbe qu'une très-faible partie des rayons qui le traversent, prend un fort beau poli, résiste parfaitement aux actions de l'atmosphère, et ne contient qu'un très-petit nombre de bulles ou de stries. On le coule d'abord dans des moules en fonte, dont les dimensions l'emportent sur celles que doivent avoir les pièces mises en œuvre ; puis les verres bruts sont placés sur des tours, mis en mouvement par une machine à vapeur, où ils sont rodés de manière à prendre exactement les formes prescrites et un poli parfait. Cette opération, cue l'on exécute admirablement à Paris dans les trois fabriques de MM. Henri Lepaute, L. Sautter, Barbier et Fenestre, est longue, minutieuse et exige d'habiles ouvriers. Les diverses parties qui entrent dans la composition d'une même lentille sont exécutées séparément, puis sont scellées par leur tranche au moyen d'un mastic, et sont assemblées dans des cadres en bronze. On vérifie ensuite l'exactitude du travail par la méthode des foyers conjugués.

Une fois maître de tous les rayons amplifiés de la lampe, il restait à diversifier l'apparence du feu qu'ils constituent : car, ainsi que nous l'avons dit, il ne suffit pas d'éclairer une côte, il faut encore que les phares qui la signalent se distinguent de telle sorte que le navigateur ne soit pas exposé à les confondre. De là, cette division des feux en feux fixes, à éclipses, etc. Voici comment on les obtient. Veut-on un feu fixe, on donne à l'appareil la forme d'un tambour annulaire engendré par la

révolution du profil passant par le centre d'une
lentille circulaire simple, autour d'une droite verti-
cale élevée sur l'axe principal de ce profil. Si c'est
un feu à éclipses que l'on désire, on le produit par la
rotation d'un tambour octogonal formé de huit
grandes lentilles simples à échelons, accolées les

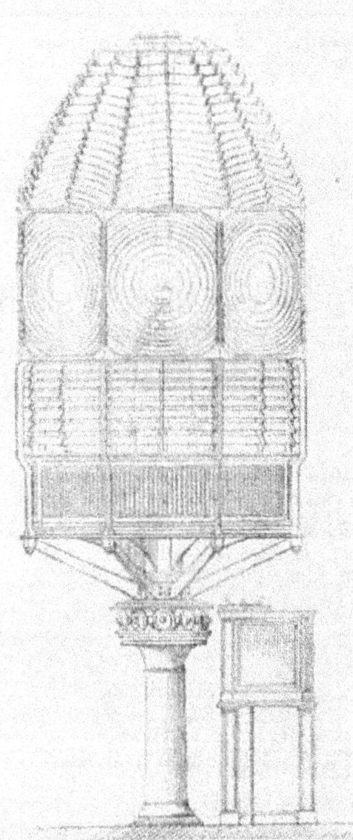

Fig. 11. — Appareil de premier
ordre à feu fixe.

Fig. 12. — Appareil de premier
ordre à
éclipses de minute en minute.

unes aux autres. Les faisceaux lumineux qui partent
de chacune de ces lentilles parcourent successivement tous les points de l'horizon, qu'ils éclairent
l'un après l'autre. Les éclipses ont lieu dans l'in-

tervalle du passage de deux faisceaux lumineux successifs au même point. C'est la vitesse de rotation du tambour qui détermine le temps qui sépare les différentes visions ; ainsi, par exemple, quand il

Fig. 13. — Appareil de premier ordre à éclipses de 20 secondes en 20 secondes, dans lequel les éclats blancs alternent avec des éclats rouges.

Fig. 14. — Appareil de troisième ordre à feu fixe blanc, varié à des intervalles de 20 secondes par des éclats alternativement rouges et verts.

fait une révolution en huit minutes, on aperçoit une vision par minute, etc. Quant aux feux variés par des éclats, on les obtient avec un tambour annulaire, pareil à ceux des feux fixes, et autour duquel tourne une lentille simple à échelons, qui réunit en un faisceau parallèle la lumière déjà réunie en nappe par le tambour à feu fixe, et produit à chaque révolution un éclat passager plus vif que celui de ce dernier.

Quand, pour diversifier certains feux, on les colore, si le feu est fixe on se contente d'entourer la flamme d'une cheminée verte ou rouge. Dans les appareils à éclipses, des feuilles planes de verre coloré se placent, d'un côté ou de l'autre, contre les lentilles qui doivent produire les éclats de couleur.

Aujourd'hui les appareils de Fresnel brillent sur toutes les côtes du monde civilisé ; et devant la grandeur de ce résultat on ne trouve que juste ce qu'a dit Arago en se félicitant d'avoir attaché Fresnel à la Commission des phares : « Je dois regarder comme un des bonheurs de ma vie d'avoir soupçonné qu'un ingénieur, alors presque inconnu, serait un des hommes dont les découvertes illustreraient le plus notre patrie. »

Quelques jours avant sa mort, qui survint en 1827, à la suite des excès de travaux auxquels il s'était livré, Fresnel reçut la visite du célèbre savant, qui lui apportait la médaille de Rumford, que la *Royal Society of London* venait de lui décerner. « Je vous remercie d'avoir accepté cette mission, lui dit tristement Fresnel, elle a dû vous coûter ; car la plus belle couronne est peu de chose, quand il faut la déposer sur la tombe d'un ami. » Arago n'a point failli à cette amitié. Plus tard, un physicien écossais, Brewster, s'étant attribué l'invention de Fresnel, l'illustre directeur de l'Observatoire le confondit avec toute la chaleur qu'il savait mettre au service de ses convictions, et replaça d'une main ferme notre compatriote sur son piédestal un moment ébranlé. Les Anglais de bonne foi reconnaissent d'ailleurs que dans cette question des phares ils nous ont toujours suivis.

Il serait injuste cependant de méconnaitre la part qui leur revient dans les progrès qu'a faits la science dans ces dernières années. M. Thomas Stevenson (nom cher à l'histoire des phares), a exposé en 1861 un appareil qui a déjà pris rang, en Angleterre, parmi les perfectionnements du système Fresnel : l'appareil *holophotal*.

Tel est le niveau atteint par la science de l'éclairage des phares à l'heure où nous écrivons. Ce n'est pas sans dessein que nous nous y sommes arrêté aussi longuement. Nous oublions trop, nous autres qui n'avons qu'à puiser dans les trésors amassés par nos pères, combien il a fallu d'efforts pour obtenir le résultat dont nous jouissons. Il n'est que juste de rappeler les luttes patientes, obscures, et cependant hardies, qui ont dévoré tant d'intelligences, et de donner en passant un encouragement à ceux qui nous conservent avec soin et augmentent chaque jour l'inaliénable domaine dont notre époque a hérité.

IV

CE QU'IL Y A DANS UN PHARE

Après nous être occupé de l'élément du phare,
qu'on pourrait presque appeler intellectuel, disons
un mot du corps. On verra aux monographies que
nous avons consacrées aux phares les plus célèbres,
que jusqu'à ce siècle, c'est un peu la fantaisie qui présida à leur construction. Aujourd'hui l'art de les bâtir
est moins soumis au caprice : soit que le monument
s'élève sur la terre ferme ou sur un roc isolé en mer,
sa construction est dirigée par des règles que l'ingénieur n'a plus à modifier. Ce que repoussent surtout
ces règles, c'est cette richesse d'ornementation qui
jadis faisait des phares de véritables œuvres artisti-
ques. Quelques critiques l'ont remarqué. Les phares,
leur répondrons-nous avec M. L. Reynaud, ne sont
pas des œuvres de luxe ; ce sont des édifices d'utilité
publique, et il convient d'autant mieux de leur

conserver ce caractère, avec toute la simplicité
qu'il comporte, que la plupart d'entre eux sont
établis loin de tout centre de population. Sur 44
phares de premier ordre allumés ou en cours d'exécution, sur les côtes de France, la Corse comprise,
il n'y en a que deux qui soient placés dans les
villes, ceux de Dunkerque et de Calais.

Ce qu'on doit exiger surtout des phares, c'est une
forme rationnelle, une distribution judicieuse, une
grande stabilité, une exécution parfaite. Les principales choses à considérer dans un phare sont :
la tour et son escalier, la chambre et son appareil,
les magasins, les logements des gardiens et les
pièces à réserver pour les ingénieurs chargés de la
surveillance du monument.

La hauteur des phares varie suivant le lieu où ils
sont placés; mais en général il doivent être très-
élevés, afin que les navigateurs en aperçoivent
de loin la lueur hospitalière. Quelquefois on les
dresse au sommet d'une montagne, comme le
phare du cap Béarn, près de Port-Vendres, ou en
haut d'une falaise, comme ceux de l'Ailly, de Fé-
camp et de la Hève, sur les côtes de Normandie.
Il suffit que la tour soit assez haute pour que la
lanterne qui la surmonte ne soit ni cachée par des
arbres ou des constructions, ni endommagée par
la malveillance ou simplement le choc des petites
pierres que soulèvent les ouragans. Souvent aussi
les besoins de la navigation exigent que le phare
soit édifié sur le bord de la mer ou même au large
sur des rochers à fleur d'eau. Cependant le foyer

lumineux d'un appareil de premier ordre ne doit pas être à moins de 40 ou 45 mètres au-dessus du niveau de la haute mer, car cette élévation ne lui donne encore qu'une portée d'environ 30 kilomètres. Le phare le plus élevé de nos côtes est celui de Cordouan, qui a 63 mètres de haut, presque autant que les tours de Notre-Dame de Paris; viennent ensuite celui de Dunkerque, 57 mètres; celui de Calais, 51 mètres; celui des Baleines, à l'extrémité occidentale de l'île de Ré, 50 mètres.

Les tours des phares sont presque toujours cylindriques à l'intérieur, et, sauf dans quelques feux de port, leur diamètre est au moins égal à celui de la lanterne. Il n'est jamais inférieur à $3^m,50$ pour le premier ordre; 3 mètres pour le deuxième; à $2^m,50$ pour le troisième; à $1^m,40$ pour le quatrième. Ce diamètre s'étend à $3^m,70$ dans le phare de Calais, et il est plus fort encore lorsque les logements des gardiens sont établis dans l'intérieur de la tour. Dans le phare du cap de la Hague, le diamètre intérieur a été porté à 4 mètres, et à $4^m,20$ dans le phare des Héaux de Bréhat, qui sont tous deux de premier ordre.

Ici, c'est-à-dire à l'intérieur, la même prévoyance, le même soin dans les détails a guidé l'ingénieur. Pénétrons dans celui des Héaux à l'aide de cette échelle formée de barreaux de cuivre enchâssés dans la pierre. Et d'abord donnons un coup d'œil à ces lourdes portes de bronze qui ferment hermétiquement l'entrée, et avançons sous ces voûtes qu'on dirait taillées à vif dans le roc. Nous sommes au premier étage.

Autour de nous sont les magasins de bois, de cordages, et la menuiserie. Au-dessus nous trouvons les
caisses de zinc renfermant la provision d'huile qui
doit alimenter le fanal, et l'eau destinée à la boisson
des gardiens. Au troisième étage sont placés la
cuisine, et le garde-manger, de plain-pied avec la
première galerie. Passons rapidement devant les
trois chambres destinées aux gardiens; elles sont
simples et propres sans rien offrir de remarquable.
Mais nous voici au septième étage, et nous allons
nous reposer un instant dans ce petit salon octogone
lambrissé, parqueté, ciré. C'est la chambre destinée aux ingénieurs qui viennent inspecter le
phare. Ici, au milieu de l'Océan, à 100 pieds au-
dessus des vagues, vous trouvez réunis le confortable et presque l'élégance d'un appartement
parisien; voici des cadres à l'anglaise pour passer
la nuit; voici des meubles d'acajou, une cheminée
de bronze et de marbre. Vous reconnaissez dans
les moindres dispositions l'intelligente économie
qui préside à l'emménagement des navires, et fait
doubler l'espace disponible en mettant à profit le
moindre recoin.

Reprenons maintenant la spirale de pierre qui
nous a conduits jusqu'ici; nous allons entrer dans
la partie de l'édifice plus particulièrement destinée
au service spécial de la tour. Le huitième étage
renferme des vases à huile, des verres, des lampes
de rechange, puis quelques beaux instruments
destinés aux observations météorologiques, un
thermomètre, un baromètre, un chronomètre. Ici

se termine l'escalier que nous venons de gravir, et sa cage est fermée par une voûte plate que supporte

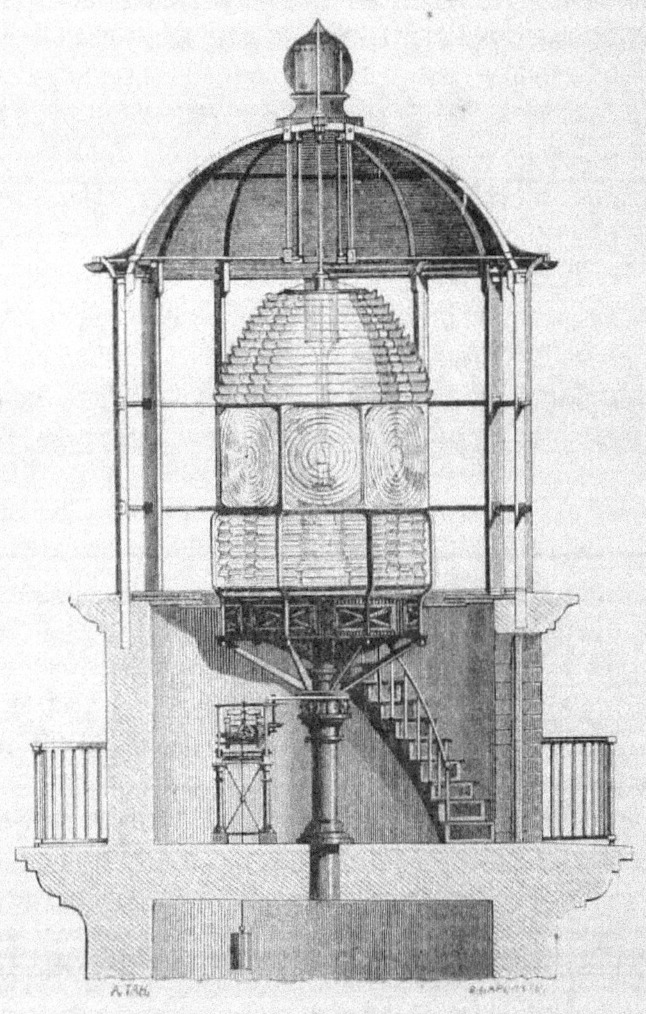

Fig. 15. — Coupe d'un phare de premier ordre.

un mince pilier. Pour nous élever plus haut, il faut

Fig. 46. — Bernaches attirées par la lumière d'un phare.

monter cette échelle de fonte, et nous arrivons
dans la chambre de quart où chaque nuit veille un
des gardiens. Vous jetez autour de vous des regards
de surprise, vous ne comprenez rien à ces revête-
ments, à ces incrustations de marbre de diverses
couleurs qui couvrent la voûte, les murs, le parquet
lui-même. Ce luxe, qui vous semble si fort hors de
sa place, n'est pourtant que de la nécessité. L'appareil d'éclairage pénètre dans la chambre où nous
sommes par une ouverture circulaire du plafond.
Dès lors une propreté minutieuse devenait nécessaire
et ne pouvait s'obtenir qu'à l'aide de ces surfaces parfaitement polies. Franchissons enfin cette dixième et
dernière série de marches. Nous voici sous la coupole, et vous avez sous les yeux un de ces magnifiques présents que la science fait de temps en
temps aux hommes comme pour répondre à cette
question décourageante qu'on lui adresse si souvent
dans le monde : A quoi bon?

Ce que nous avons dit dans le chapitre précédent
nous dispense de décrire cet appareil. Nous fixerons
seulement notre attention sur la lanterne en glaces
qui le renferme. Ces glaces, recouvertes d'un dôme
en cuivre surmonté d'un paratonnerre, sont très-
épaisses. Elles ont environ $0^m,008$. On raconte que
malgré la résistance qu'elles sont en mesure d'offrir,
elles sont souvent brisées par des oiseaux, tels que ca-
nards, bernaches, etc., qu'attire l'éclat de la lumière.
Ainsi, en une seule nuit les neuf glaces du phare
du cap Ferret furent mises en morceaux. Au phare
de Bréhat, une oie sauvage, après avoir traversé la

vitre, passa entre deux cours de miroirs, et vint tomber sur la lampe. Mille de ces oiseaux furent pris une fois par l'équipage d'un feu flottant anglais, qui en fit un gigantesque pâté. Il a fallu défendre par des grillages les feux que leur position expose le plus aux visites de ce genre.

Par bonheur tous les oiseaux de mer ne sont pas aussi dangereux ; il en est même qui rendent aux marins des services semblables à ceux que rendirent autrefois les oies du Capitole aux Romains. Dans le phare de South-Stock, près de Holyhead, construit au milieu d'une île, on se sert d'oiseaux de mer apprivoisés, comme de signaux. Les mouettes se perchent sur les murs du *light-house* et poussent des cris qui avertissent les marins. Ce phare possède une cloche et un canon ; mais le signal naturel a été jugé si supérieur, qu'on a éloigné le canon à quelque distance du roc, de peur que le bruit n'effrayât les oiseaux. Dans l'île, les jeunes mouettes courent à terre parmi les lapins blancs, avec lesquels elles vivent en parfaite intelligence. Lapins et oiseaux servent de société aux gardiens, compagnie meilleure que celle du vent et des flots, qui, sans cesse luttent contre leurs frêles et cependant durables abris.

III

LES PHARES ANGLAIS

I

EDDYSTONE

— 1696 - 1706 - 1759 —

Le premier feu qui ait brillé d'une façon régulière sur les rives anglaises paraît être celui de Lowestoft, bâti en 1609. On cite parmi ses successeurs immédiats ceux de Hurstbarton-Point, élevé en 1665, et des îles Scilly, construit en 1680. Les phares de Dungeness et d'Orfordness sont également de la même époque. Mais de tous ceux qui s'élevèrent dans le même temps le plus célèbre est celui d'Eddystone.

Avant la haute tour rayée de larges zones rouges et blanches qui se dresse aujourd'hui sur le roc d'Eddystone et dont la lanterne envoie ses rayons jusqu'à 15 milles, on en a compté dix successivement sur ce même écueil, et qui eurent pour parrains deux hommes restés célèbres, Henri Wistanley et John Rudyard.

Le premier fut peut-être le plus grand excentrique

de son temps et de son pays, où pourtant la bizarrie n'est point rare. Avant de songer à élever un phare à Eddystone, Wistanley s'était distingué par un talent de mystificateur scientifique qui faisait de sa résidence du comté d'Essex un séjour de merveilles et de surprises. On glissait son pied dans une pantoufle en se déshabillant, et un spectre se dressait devant vous. Un fauteuil ouvrait ses bras, mais malheur à vous si vous aviez la mauvaise idée d'en user, ces bras vous retenaient jusqu'à ce qu'on fût venu vous délivrer en poussant un ressort caché. On cherchait l'ombrage d'un berceau, et l'on se trouvait dans une nacelle au milieu d'un étang, etc.

C'était en 1696, époque où bien des gens croyaient encore qu'une vieille femme pouvait faire naître une tempête avec quelques mots de grimoire. En érigeant son phare, Wistanley, qui était sans doute un esprit fort, prétendait, sinon combattre la tempête, au moins soustraire les navires à ses effets. Il se mit donc bravement à l'œuvre et parvint à élever un monument qui se ressentit naturellement des goûts singuliers l'architecte. C'était quelque chose de fort extraordinaire et qui, avec ses galeries découvertes et ses grues en saillie, ressemblait assez à une pagode chinoise ou à ces belvédères que l'on voit de nos jours dans les jardins publics des faubourgs de Londres. Une gravure du temps, exécutée par les ordres de Wistanley, et que nous reproduisons, le représente lui-même se livrant du haut d'une fenêtre aux innocents plaisirs de la pêche à la ligne. Cette maison, toute chargée de devises et d'inscriptions,

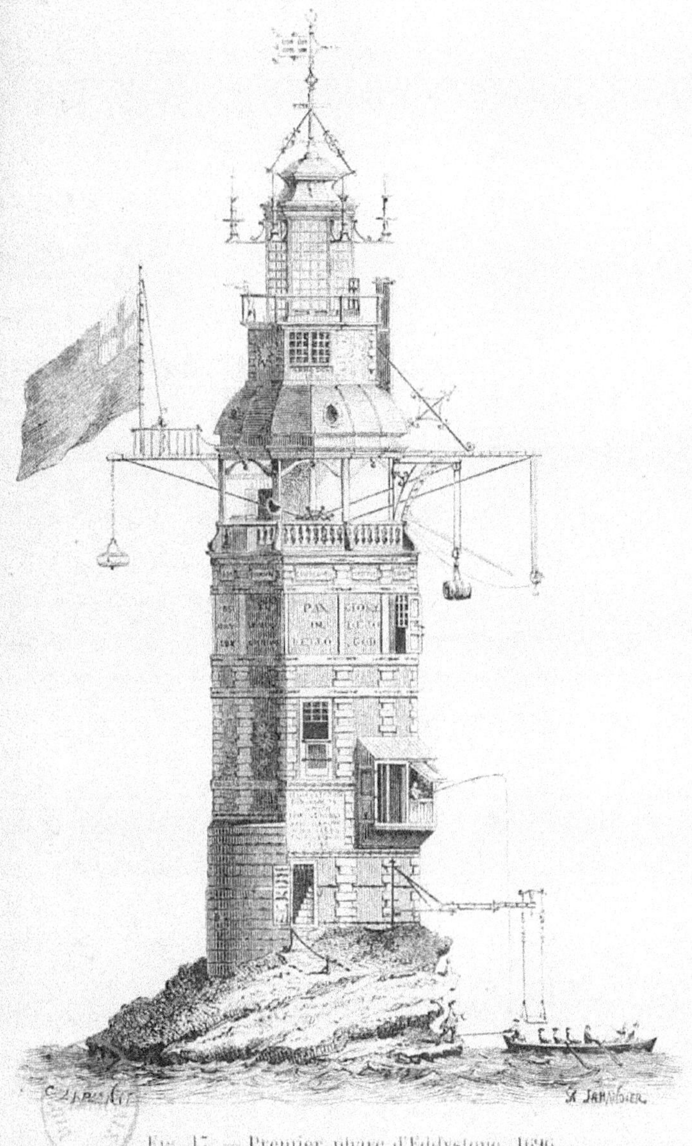

Fig. 17. — Premier phare d'Eddystone, 1696.

hérissée d'ornements fantastiques, n'avait qu'un défaut, elle n'était point solide. Wistanley, persuadé d'avoir réussi, n'en défiait pas moins la tempête. « Soufflez, vents! l'entendait-on s'écrier en des accès de témérité lyrique, révolte-toi, mer! déchaînez-vous éléments et venez mettre à l'épreuve mon ouvrage! » La tempête ne se fit pas trop prier. Le 26 novembre 1703, Wistanley s'était rendu dans sa tour pour y faire quelques réparations. Il survint pendant la nuit un effroyable orage qui engloutit tout, et l'œuvre et l'ouvrier.

Les chroniqueurs de l'époque racontent que cet ouragan fut l'un des plus désastreux qui se soient produits. Survenu à onze heures du soir, il dura jusqu'au lendemain sept heures du matin. Parmi les bâtiments qu'il détruisit, il y eut treize navires de guerre montés par 1,519 hommes qui périrent en même temps; le contre-amiral Beaumont fut du nombre. Son navire, la *Mary*, disparut tout entier dans les sables de Goodwin. Les pertes supportées par Londres furent évaluées à 1 million sterling; pour sa part la ville de Bristol perdit 150,000 livres. On fut si profondément ému, en Angleterre, par cet immense désastre, qu'un jeûne public fut prescrit. Le gouvernement voulut que le salaire dû aux gens de mer morts pendant la tempête fût considéré comme si ces hommes eussent péri dans un combat, et de son côté la chambre des communes s'empressa de mettre à la disposition de la reine tous les fonds dont le gouvernement aurait besoin pour réparer les pertes matérielles que la nation avait subies.

Un fait assez curieux, s'il est vrai, se rattache à la disparition du phare d'Eddystone. On rapporte qu'au moment où l'édifice s'écroulait, son modèle, qui était dans la maison de Wistanley, à Littlebury, dans le comté d'Essex, c'est-à-dire à une distance d'environ 200 milles de la côte, fut jeté sur le sol et se brisa.

La seconde construction élevée sur Eddystone fut toute différente de la première, ce qui ne lui épargna pas une fin moins tragique. Il est vrai que son architecte, Rudyard, n'était pas beaucoup mieux préparé que Wistanley à bâtir un monument capable de lutter contre les fureurs de la Manche. Pas plus que Wistanley Rudyard n'était ingénieur. C'était un humble marchand de soieries de Ludgate-Hill[1], mais qui avait la vocation. Smeaton, qui s'y connaissait, parle avec admiration de son plan, qui fut réalisé, en 1706, avec le seul secours de deux charpentiers et de leurs ouvriers. Comme son prédécesseur, il employa le bois et la pierre disposés par assises.

Seulement l'ouvrage de Wistanley était plein de coins et de recoins dans lesquels l'eau et le vent pénétraient tout à leur aise, tandis que celui de Rudyard était, au contraire, un petit cône solidement attaché au sol, tout uni et autour duquel la mer et le vent mugissaient sans l'ébranler. Et qui sait? Peut-être durerait-il encore si l'incendie n'avait

---

[1] *A narrative of the building and a description of the construction of the Eddystone light house*, by J. Smeaton.

triomphé au bout de quarante-six ans, de ce qui avait résisté à la colère des tempêtes.

Comment le feu prit-il à la tour? On l'ignore. Tout ce qu'on sait, c'est que dans la nuit du 1er novembre 1755, l'un des gardiens étant monté dans la lanterne pour moucher les chandelles, il vit qu'elle était en feu. Il donna aussitôt l'alarme à ses deux camarades, qui ne l'entendirent point d'abord ; il chercha à éteindre l'incendie, mais sans résultat. Une pluie de plomb fondu tomba du sommet de la tour sur sa tête, sur ses épaules et jusque dans sa bouche[1]. Les autres gardiens furent plus heureux, et purent se réfugier sur une chaîne de rochers qui s'élève près de l'écueil et où des pêcheurs, attirés par la lueur des flammes, les trouvèrent le lendemain matin.

Les fermiers d'Eddystone étaient, à cette époque animés d'un esprit assez libéral. Les péages cessaient dès que la lumière s'éteignait, et ils ne pouvaient être repris que lorsque la lumière se montrait de nouveau. Il faut ajouter qu'ils eussent été mal venus à réclamer leurs droits en présence des sinistres qu'occasionnait l'absence du fanal. L'intérêt des fermiers était donc de rebâtir le plus promptement possible. Cette fois ils consultèrent le plus habile ingénieur du temps, Smeaton, et sur son avis qu'il fallait reconstruire le phare en granit, ils

---

[1] Cet homme mourut douze jours après l'événement, et les médecins trouvèrent dans son estomac un morceau de plomb. Ce fait extraordinaire a été consigné dans les *Philosophical transactions of London*.

se soumirent d'eux-mêmes aux retards et au surcroît de dépenses qui devaient en résulter pour eux.
Bien leur en a pris d'agir avec cette prudence, puisque le nouveau phare est toujours debout et que, de
plus, il passe pour un des plus beaux spécimens du
genre.

L'auteur des *Excursions dans les Cornouailles et le
Devonshire*, M. Louis Deville, raconte comment Smeaton trouva moyen de faire tenir une tour sur le roc
d'Eddystone. Il parcourait un jour la campagne de
Plymouth ravagée par un récent ouragan. La bourrasque avait déraciné un bouquet d'arbres à l'om-
bre duquel Smeaton venait ordinairement se reposer
pendant le cours de ses promenades. Un vieux
chêne était seul resté debout, et avait impunément
bravé le tourbillon dévastateur. Smeaton considéra
longtemps ce vigoureux athlète que n'avait pu ren-
verser aucun des orages si fréquents sur la côte du
Devonshire, et il vint à penser que peut-être il avait
devant lui la solution du problème, objet de sa
constante préoccupation.

Smeaton lui-même a donné cette analogie entre
le chêne et le phare qu'il a élevé. Alan Stevenson,
qui construisit plus tard la tour de Skerryvore, prétend que cette comparaison n'est pas exacte, et que
Smeaton ne s'en serait servi que pour satisfaire des
lecteurs incapables de comprendre le procédé plus
profond grâce auquel il était réellement arrivé à la
vérité.

« Il n'y a pas d'analogie, dit-il, entre l'exemple
de l'arbre et celui du phare, l'arbre étant atta-

qué à son faîte, le phare à sa base. Quoique Smeaton
suppose l'arbre dépouillé de ses branches et l'eau
venant baigner la base du chêne, il est à craindre
que l'analogie n'en soit pas plus juste, puisque les
matériaux composant l'arbre et les matériaux de
la tour sont si différents, qu'il est impossible d'imaginer que la même force d'attaque puisse être repoussée par les mêmes propriétés dans les deux
termes de la comparaison... »

La première pierre du monument fut posée le
15 juin 1757 et la dernière le 24 août 1759. On
comprend, en voyant de loin s'élancer la tour fière
et solitaire, du milieu d'un cercle d'écume, l'étymologie du nom donné à l'écueil qui la soutient :
eddy signifie tourbillon. Mais c'est de près et en
examinant sa structure qu'on peut apprécier la
solidité du monument ; il ne forme pour ainsi
dire qu'une seule pierre, tant les pièces de granit,
assemblées, selon le langage des architectes, *à queue
d'aronde*, s'incrustent et se confondent les unes dans
les autres.

Il faut qu'il soit bien solide, car, de même que
le phare du Longship il arrive quelquefois, lorsque la
mer est forte, que l'édifice entier disparaît derrière
les vagues qui montent de plusieurs mètres au-
dessus de la lanterne.

Plus modeste que Wistanley : « A moins que le
Seigneur ne construise lui-même la maison, a écrit
Smeaton sur les assises de son phare, ceux qui la
bâtissent travaillent en vain. » Puis, sur la dernière
pierre de l'édifice, au-dessus de la lanterne : *Laus*

Deo (louange à Dieu!) a-t-il ajouté, joyeux et reconnaissant.

Une anecdote relative à la construction du monument a sa place ici. On raconte qu'à l'époque où Smeaton était à l'œuvre, la guerre existant entre la France et la Grande-Bretagne, un corsaire français s'empara des ouvriers et les emmena prisonniers. Ce corsaire croyait bien faire : il se trompait. En apprenant cette capture, Louis XIV montra une grande colère, et ordonna immédiatement que les ouvriers fussent délivrés et que ceux qui les avaient enlevés prissent leur place en prison : «Je suis en guerre avec l'Angletere, dit le monarque, mais non avec le genre humain. »

Puisque nous parlons du respect d'un souverain français pour les phares, citons un autre exemple, qui fait honneur aux Anglais.

Lorsqu'en 1810, le baron de Zach, alors occupé d'études sur l'attraction des montagnes, se rendit au phare de l'île Planier, près Marseille, on le prévint qu'il s'exposait beaucoup à être pris par nos voisins d'outre-mer toujours en guerre avec nous. On prétendait que peu de temps auparavant ils avaient débarqué sur le rocher et qu'après avoir fort maltraité les gardiens du feu, ils leur avaient enlevé leurs vivres, etc. Le savant ne tint pas compte de l'avertissement et se rendit dans l'île, où son premier soin fut de questionner les gardiens. Voici le récit que M. de Zach en obtint, et qu'il a consciencieusement rapporté dans sa *Correspondance astronomique*.

« Nous vîmes un jour une belle frégate anglaise se mettre en panne devant l'île; elle mit la chaloupe à la mer et entra dans la calangue. Le capitaine de la frégate vint seul à terre, et s'avança vers le fanal. Nos bonnets à la main, nous l'attendîmes à une certaine distance dans une attitude respectueuse. Voici notre dialogue :

« LE CAPITAINE. Bonjour, camarades, comment vous portez-vous ?

« Peu accoutumés à un compliment aussi bienveillant de la part de nos capitaines, nous répondîmes :

« —Grand merci, monsieur le capitaine, nous nous portons fort bien, nous vous en souhaitons autant.

« LE CAPITAINE. Est-il permis d'entrer et de voir le fanal ?

« LES GARDIENS. Ah! monsieur le capitaine, nous n'avons aucune permission à vous donner; c'est vous qui êtes à présent le maître ici, et nous sommes à vos ordres.

« LE CAPITAINE. C'est bien ce que je vous demande, si vous n'avez pas les ordres de ne laisser entrer personne.

« LES GARDIENS. Nous n'avons aucun ordre; nous sommes ici deux vieux matelots sur un rocher nu, sans batteries, sans canons, sans armes quelconques; nous n'avons qu'un briquet pour allumer du feu; mais si vous nous permettez de parler...

« LE CAPITAINE. Dites, parlez franchement.

« LES GARDIENS. Nous sommes deux pauvres matelots, comme vous voyez bien, monsieur le capitaine. Nous sommes relevés tous les quinze jours de notre service au fanal. Nous avons quinze jours à nous, pendant lesquels nous gagnons notre vie à la ville, pour entretenir nos femmes et nos enfants; nous allons à la pêche, nous travaillons dans le port, nous gagnons toujours quelque chose d'une manière ou d'une autre. Si vous mettez le pied dans le fanal nous sommes obligés, comme vous savez bien, sous peine de mort de le déclarer à nos autorités, nous serons alors condamnés à la quarantaine. Nous ne pourrons plus rien gagner, nos pauvres familles en souffriront : vous voyez bien, monsieur le capitaine, que.....

« Le capitaine anglais ne nous laissa pas achever la phrase et nous dit :

« — C'est bon ! Cela suffit ! je n'entrerai pas dans le fanal. Accepterez-vous du tabac en présent ?

« Les gardiens. Ah ! monsieur le capitaine ! vous êtes trop honnête envers de pauvres matelots; nous accepterons avec plaisir et reconnaissance votre offre généreuse, mais nous vous supplions d'y ajouter encore un autre bienfait, c'est de faire déposer le tabac, dont vous voulez avoir la bonté de nous régaler, dans tel endroit et de le faire bien couvrir avec des pierres, car nous n'osons pas y toucher; dans trois jours le bateau de service viendra nous prendre, c'est alors que nous déclarerons ce tabac à la douane et au bureau de santé, où il passera à l'épuration.

« Le capitaine fit apporter un paquet de cigares, le

fit déposer et bien couvrir au lieu indiqué, souhaita
le bonjour à ces bons matelots, leur dit encore de
se bien porter, leur recommanda le service du fanal
et se retira sur son vaisseau.

« Je voulais savoir le nom de ce vaisseau, et de ce
brave capitaine, ajoute le baron de Zach, je l'aurais
placé ici; mais les matelots n'ont pu me le dire.
Autant vaut ! car il n'y a pas d'officier dans toute
la marine britannique qui n'eût fait la même
chose. »

La même aventure faillit se renouveler quelques
jours après l'installation du baron de Zach dans l'île.
Un matin, se présentèrent une frégate et un brick
anglais, qui s'approchèrent du rocher jusqu'à une
encâblure. « Je m'étais retiré avec mon monde
dans l'intérieur de la tour, dit le savant, pour ne
point exciter la curiosité des Anglais, ce qui aurait pu amener une visite de leur part, et par suite
nous exposer à notre retour au désagrément d'une
quarantaine fâcheuse, et à un procès-verbal plus
fâcheux encore, pour savoir quelles avaient été nos
communications avec l'ennemi. J'avais dit aux deux
gardiens de se montrer au dehors, pour ne point
donner de soupçons, et je leur avais donné des
instructions en cas que les Anglais débarquassent,
ce que cependant ils n'ont pas fait. »

II

SMALLS

— 1777

Le mobile qui dirigea le constructeur du phare des Smalls était d'un ordre plus élevé que celui des constructeurs de phares de son temps. En éclairant les dangereux parages de ces rocs fameux, Philipps (ainsi se nommait cet homme de bien) se proposait surtout « de servir et de sauver l'humanité, » noble pensée qui, ici-bas même trouva une certaine récompense. Soixante ans plus tard, lorsque les héritiers du philanthrope durent céder leur établissement à la Trinity-House, ils obtinrent une indemnité qui atteignit 4,250,000 francs.

La tâche entreprise par Philipps était assez ingrate. Le roc sur lequel il avait résolu de construire, s'élève en temps ordinaire de 12 pieds au-dessus de l'eau, mais lorsque la mer est grosse, ce qui est fréquent dans ces parages, le roc est complétement submergé. Et à l'époque dont nous parlons, les ingénieurs n'étaient pas aussi nombreux qu'aujourd'hui ; les hommes qu'occupaient les applications de la science étaient, comme tous les savants d'ailleurs, clair-semés, incompris, souvent inquiétés, malgré la somme de bien-être que leurs efforts apportaient toujours à leurs ignorants contemporains. Philipps eut donc beaucoup de peine à rencontrer la main dont il avait besoin. Il la trouva pourtant, non pas dans un homme du métier, mais chez un jeune homme nommé Whiteside, qui exerçait l'état de luthier à Liverpool, et doué d'un génie remarquable pour la mécanique.

C'est dans l'été de 1772 que Whiteside prit pour la première fois connaissance du lieu sur lequel il allait graver son nom à tout jamais. Il débarqua sur les rochers de Smalls, avec une troupe de mineurs de Cornouailles, et les obstacles qu'il rencontra dès le début faillirent le dégoûter de son entreprise. Lui et ses compagnons avaient commencé leurs premiers travaux lorsque soudain le temps devint mauvais. Le vent se mit à souffler avec fureur, et le cutter qui avait amené l'expédition dut fuir devant l'orage. Les ouvriers qui étaient restés sur le roc s'accrochèrent du mieux qu'ils purent et restèrent dans cette position pendant deux jours et deux nuits. Whiteside pourtant ne se découragea pas, et il vint à bout de sa construction, mais non sans avoir subi de nouveaux assauts.

Un jour les habitants du rivage ramassèrent sur le sable ce que les Anglais appellent un *message de l'abime*, c'est-à-dire un billet de papier enfermé dans une bouteille soigneusement cachetée, et enveloppée elle-même dans un baril. Sur le baril étaient inscrits ces mots :

« Ouvrez ceci, et vous trouverez une lettre. »

Cette lettre était ainsi conçue :

« Smalls, 1er février 1777.

« MONSIEUR,

« Nous trouvant en ce moment dans la position la plus critique et la plus dangereuse, nous espérons que la Providence vous fera parvenir cette lettre et que vous viendrez immédiatement à notre secours. Envoyez-nous chercher avant le printemps ou nous périrons, je le crains ; notre provision d'eau et de bois est presque épuisée, et notre maison est dans l'état le plus triste. Nous ne doutons pas que vous ne veniez nous chercher le plus promptement possible ; on peut arriver près de nous à la marée par n'importe quel temps. Je n'ai pas besoin d'en dire davantage, vous comprendrez notre détresse, et je reste

« Votre humble serviteur,

« H. WHITESIDE. »

Au-dessous de cette signature, on lisait encore ces mots :

« Nous avons été surpris le 25 janvier par une tempête. Depuis ce moment nous n'avons pu allumer

Fig. 18. — Phare des Smalls.

le phare provisoire, faute d'huile et de chandelles. Nous craignons qu'on ne nous ait oubliés.

« Ed. Edwards, G. Adams, J. Price.

« *P. S.* Nous ne doutons pas que la personne entre les mains de laquelle ceci tombera ne soit assez charitable pour la faire envoyer à Th. Williams esq. Trelethin, près de Saint-David, dans le pays de Galles. »

L'histoire de Smalls a des pages plus sinistres encore. On raconte qu'au commencement de ce siècle, il y eut un hiver si mauvais que pendant quatre mois, les deux gardiens du phare restèrent privés des secours de la terre. C'était vainement qu'on envoyait des navires vers les rochers; toujours la mer furieuse les empêchait d'aborder. L'un d'eux revint un jour avec une nouvelle étrange; son équipage avait aperçu un homme, debout et immobile dans un coin de la galerie extérieure. Près de lui flottait un signal de détresse. Mais était-il vivant ou mort? Nul ne pouvait le dire. Chaque soir, les regards se portaient avec anxiété du côté du phare, pour voir si la lumière allait se montrer, et chaque soir elle se montrait régulièrement, preuve qu'il y avait encore quelqu'un à Smalls. Mais les deux gardiens étaient-ils vivants? et s'il n'y en avait qu'un, lequel des deux survivait à l'autre?... C'est ce qu'on sut plus tard.

Un soir, un pêcheur de Milford, qui avait réussi à aborder à Smalls dans un moment de calme, ramena à Solway les deux gardiens; mais sur les deux, l'un n'était plus qu'un cadavre. Celui qui avait survécu avait fabriqué un cercueil à son camarade mort, puis, après avoir monté ce cercueil sur la galerie extérieure, il l'y avait dressé debout, dans un coin, et attaché solidement. Resté seul, il avait fait bon service ; lorsqu'il revint à terre, il était tellement changé, tellement maigri, que ses parents et ses amis eurent peine à le reconnaître. Il assura que son camarade était mort de maladie. On le crut ; mais à partir de ce moment, il y eut toujours à Smalls trois gardiens au lieu de deux, sage précaution qui a été prise d'ailleurs pour les phares placés dans des conditions analogues.

II

BELL-ROCK

— 1807-1811 —

L'Angleterre, en élevant un phare sur le rocher d'Eddystone, où s'étaient brisés tant de navires, a certainement rendu un grand service à la navigation ; l'Écosse, à son tour, peut se glorifier d'avoir élevé, dans le phare de Bell-Rock, un monument vraiment national ; et si l'Angleterre s'honore de Smeaton, l'Écosse doit se vanter de Robert Stevenson.

Ce qu'on nomme le Bell-Rock est un banc de rochers d'environ 130 mètres de longueur et de 70 mètres de largeur. Il est situé, à environ 20 milles au sud-ouest de Red-Head dans le Forfashire. C'est un bloc de grès rouge, semblable aux couches du promontoire contigu de Red-Head et des bords opposés de Dunglas dans le comté de Berwick. Ce ne fut longtemps qu'un récif fréquenté par les phoques et les cormorans, et si dangereux, que les moines de l'abbaye d'Arbroath avaient cru devoir y installer une cloche qui sonnait au moyen d'une machine mise en mouvement par l'action des flots : c'est de là qu'est venu le nom que porte l'écueil : *Rocher de la Cloche*. Mais vers l'année 1800, le conseil des commissaires pour les phares du nord, désirant élever un monument plus durable sur le Bell-Rock, engagea un ingénieur alors peu connu, Robert Stevenson, à visiter les lieux et à faire un rapport sur la possibilité de l'exécution. Stevenson obéit, et alla prendre connaissance du roc, qu'il trouva couvert des traces des naufrages que celui-ci avait causés.

Quoique Stevenson eût reconnu que l'érection d'un phare était possible sur l'îlot de la Cloche, il se produisit différentes opinions contraires à la sienne et à son plan, en raison de l'enfoncement considérable du roc au-dessous du niveau des hautes marées. Les uns voulaient qu'on assît l'édifice sur des piliers de fer ; les autres voulaient autre chose. Le projet de Stevenson l'emporta enfin, et une somme de 1,125,000 francs fut mise à sa disposition.

Par suite de la situation isolée et lointaine du rocher, le premier soin de l'ingénieur fut d'assurer aux ouvriers un lieu de retraite convenable pendant qu'ils seraient occupés à cet ouvrage. On y pourvut en amarrant, à la hauteur du roc, une patache, où l'on plaça un fanal provisoire ; et un vaisseau fut destiné à établir une communication avec le rivage. Le revêtement extérieur du monument devait être en granit, et la partie intérieure en grès. On disposa, à Arbroath, un vaste chantier, où les pierres devaient être taillées. L'on y construisit pareillement une maison d'abri pour les ouvriers. Le 7 août 1807, Robert Stevenson, accompagné de Pierre Logan, son second, et de quelques ouvriers, se rendit à Bell-Rock, et fixa l'emplacement du phare. On commença sur-le-champ les opérations, en débarrassant le rocher de la couche épaisse d'herbes marines qui le couvrait, et en y traçant une ligne de fondation. Il fut convenu que les ouvriers resteraient un mois sans aller à terre.

Au début de cette pénible entreprise, on pensait avoir beaucoup fait, dans l'espace d'une marée à l'autre, quand on avait travaillé deux ou trois heures ; alors les hommes étaient obligés de rassembler leurs outils, de courir aux bateaux. Stevenson voulut leur procurer un refuge momentané dans le cas où il arriverait quelque accident à ces bateaux. Cet ouvrage si nécessaire reçut la dernière main vers la fin de septembre. Ce fut un premier triomphe, qui, comme le dit Robert Stevenson, dépouilla le roc de ce qu'il avait de plus redoutable, et facilita des travaux qu'on eût eu autrement beaucoup de peine à exécuter. Ceux-ci étaient naturellement soumis aux vicissitudes du temps et de la saison ; les ouvriers étaient obligés de travailler les dimanches, et à la lueur des torches, pendant la nuit, quand la marée le permettait. L'ouvrage n'avançait donc qu'à travers mille obstacles et mille périls, et peu s'en fallut que plusieurs n'amenassent de grands malheurs.

Une fois la chaloupe *Smeaton*, qu'on employait comme patache, rompit ses amarres et entraîna avec elle un des bateaux des ouvriers ; pour surcroît de malheur, le mouvement de la marée rendait son retour impossible jusqu'à ce que le rocher fût entièrement submergé. Il y avait alors trente-deux hommes sur l'îlot et les deux bateaux qui restaient en auraient à peine pu recevoir la moitié, la mer étant fort grosse. Robert Stevenson et la personne préposée au débarquement avaient seuls connaissance de l'accident. Les ouvriers qui travaillaient dans les fondations, assis ou agenouillés, ignorèrent totalement le péril de leur situation jusqu'à ce que la marée montante, en les chassant des travaux, les eut engagés à chercher les bateaux pour reprendre leurs vêtements. On se représentera facilement leur effroi lorsqu'ils n'aperçurent que deux bateaux au lieu de trois. « Cependant, dit Robert Stevenson, dans le récit qu'il a laissé de cette entreprise hardie, nul d'entre eux ne proféra un seul mot ; ils paraissaient tous occupés à se compter en silence se regardant les uns les autres et laissant voir seulement, par l'expression de leurs traits, l'inquiétude qu'ils éprouvaient. » Heureusement un bateau qui apportait des lettres d'Arbroath, arriva, dans ce moment critique, fort à propos pour les sauver. On mit ensuite à la voile pour aller à la recherche de la patache, que l'on atteignit enfin et à bord de laquelle on se retira, sans autre accident.

L'année suivante, on pourvut à ce que de sem-

---

[1] *An account of the Bell Rock lighthouse.*

Fig. 19. — Construction du phare de Bell-Rock.

blables événements ne se renouvelassent point.
Outre le bateau qui portait le fanal flottant et qui
était amarré près du roc, on acquit un schooner. On
eut des gabares pour transporter les matériaux et
trois prames qui prenaient les pierres sur les gabares, et les portaient aux atterrages, à la portée des
grues, etc.

Ces précautions n'empêchèrent pas d'autres accidents de se produire. « Un jour entre autres, raconte Stevenson, le vent étant au sud-ouest, nous
eûmes sur le roc une forte houle, qui faillit nous
être funeste, car les bateaux, ayant échoué sur le
quai, couraient le risque d'être renversés à tout
moment. Les torches, au nombre de douze environ,
s'éteignirent ; alors l'obscurité de la nuit parut dans
toute son horreur. L'eau de la mer était fortement
chargée de cette lumière phosphorique que connaissent tous ceux qui ont été à bord d'un vaisseau, et
les vagues, en rejaillissant sur le roc, ressemblaient
à une flamme liquide. Ce spectacle avait une majesté terrible. »

Dans le même récit, Stevenson donne aussi
quelques intéressants détails sur la façon dont
était organisée cette vie de Robinson, qu'il avait
mission de conduire et de régler. En dépit des
périls qui les entouraient et des difficultés qu'il
leur fallait vaincre, chaque jour les ouvriers du
Bell-Rock trouvaient encore des heures agréables.
« Dans le commencement, dit Stevenson, le moment de la marée haute était un intervalle de repos et de plaisir. C'était alors qu'on se livrait à des

amusements aussi variés que le lieu les comportait. Ceux qui aimaient la lecture couraient à leurs livres ; quelques-uns ayant plus de penchant pour la musique, jouaient du violon ou de la flûte ; et d'autres s'amusaient à la pêche. Cependant il y avait un inconvénient dont tous se plaignaient, c'était le mal de mer ; le temps même les en guérit difficilement. »

On trouve un exemple frappant du pouvoir de l'habitude dans le témoignage que rend R. Stevenson de la promptitude avec laquelle ces hommes étrangers aux usages de la mer parvinrent à s'embarquer avec célérité, et à travailler l'outil dans une main et une torche allumée dans l'autre, au milieu du rugissement des vagues et des tempêtes. Grâce à cette ardeur les fondations purent être creusées, travail qui fut achevé vers le milieu du mois de juillet. La première et la seconde assises étaient alors dans le chantier d'Arbroath, prêtes à être embarquées. Les pierres étaient marquées avec soin, de manière à ce que la position relative qu'elles devaient occuper dans l'édifice pût se reconnaître d'abord, et elles étaient taillées en queue d'aronde, sur le même plan que celles du phare d'Eddystone.

La première pierre fut posée à Bell-Rock par R. Stevenson avec la cérémonie d'usage, le 10 juillet 1810. Dès ce moment l'érection marcha avec célérité ; au mois de septembre, quand durent cesser les travaux, l'édifice était au niveau de la fosse qui contenait déjà un poids de 588 tonneaux de pierres. Lorsqu'on les reprit, au printemps de

1809, on constata avec satisfaction que les tempêtes de l'hiver n'avaient causé aucun dommage.

Enfin, le dimanche 20 août de cette année, fut posée la vingt-deuxième assise entière du bâtiment ; après quoi, pour la première fois, on lut les prières dans la maison d'abri : « Tous les ouvriers étaient réunis dans une pièce, dit Stevenson, et deux d'entre eux joignirent les mains de manière à former un pupitre pour soutenir la Bible pendant le service divin. A la fin du même mois, les travaux furent arrêtés jusqu'au printemps de 1810, où on les reprit. Au mois de décembre de cette année, les gardiens prenaient possession du phare qu'on illuminait pour la première fois le 11 février 1811. »

Depuis cette époque, le phare de Bell-Rock n'a pas eu besoin de réparation. Il est aujourd'hui indiqué sur la liste des feux anglais comme un feu de premier ordre. Il s'élève de 35^m,05 au-dessus du sol et de 28^m,04 au-dessus du niveau de la haute-mer. Son appareil est catoptrique, à feu tournant, alternativement blanc et rouge, avec une portée de 15 milles par temps clair.

IV

SKERRYVORE

— 1838-1844 —

Par sa situation, le récif de Skerryvore est une contre-partie assez exacte de ce fameux Bell-Rock dont nous venons de raconter l'histoire. Placé dans le même parallèle de latitude, le roc Skerryvore opposait à la navigation de la côte occidentale d'Écosse les mêmes obstacles que celui de Bell opposait à celle de la côte orientale. Il serait nécessaire de compulser des séries de rapports et toute la statistique des enquêtes parlementaires, pour connaître le chiffre exact des navires auxquels l'un et l'autre ont été funestes. Combien de fois quelques minutes suffirent pour faire disparaître entièrement l'embarcation qui se heurtait contre le gneiss de Skerryvore[1], et dont quelques débris à

[1] Le gneiss est une roche primitive, feuilletée, essentiellement composée de mica, disposé en lamelles ou paillettes superposées, et de feldspath lamelleux ou grenu.

peine étaient portés par la marée aux pêcheurs de l'île de Tyrée !

Ce formidable reste d'une fusion volcanique n'est pas totalement submergé ; quelques-unes de ses pointes s'élèvent au-dessus du niveau des plus hautes marées ; mais l'étendue de ses bas-fonds est considérable, et, même dans la belle saison, des périls cachés hérissent le passage entre son extrémité orientale et l'île de Tyrée, qui gît à 11 milles de distance environ.

Pour ces divers motifs, Skerryvore avait attiré de bonne heure l'attention des commissaires des phares d'Écosse, et, en 1814, ils avaient décidé qu'un phare serait élevé sur cet écueil trop célèbre. Cette année-là, Robert Stevenson avait débarqué sur le récif avec divers membres de la Commission écossaise. Walter Scott, qui était de cette excursion, l'a racontée dans le journal publié par son gendre :

« Nous étant glissés sur le pont vers les quatre heures du matin, dit le grand romancier, nous nous trouvons en vue de l'île de Tyrée : — M. Stevenson a résolu que nous visiterions un récif appelé Skerryvore, où il pense qu'il serait essentiel d'avoir un phare ; — là-dessus, vives remontrances de la part des commissaires, qui tous, jusqu'au dernier, finissent cependant par déclarer qu'ils souscrivent d'avance à son opinion quelle qu'elle soit, plutôt que de subir plus longtemps cet infernal tangage. — Persévérance de M. Stevenson, quoique le yacht regimbe comme si l'idée de Skerryvore lui souriait aussi peu qu'à MM. les commissaires. —

Enfin, non sans de pénibles efforts, nous voilà en vue de ces terribles rochers (la plupart à fleur d'eau), sur lesquels les flots se brisent de la manière la plus épouvantable. — Hamilton Duff et moi consentons à y descendre, de compagnie avec M. Stevenson... Nos rameurs parviennent à placer l'embarcation dans une crique assez tranquille, où nous tâchons d'aborder sous une pluie de vagues. — Nous avons pris possession des rochers au nom des commissaires, et nous sommes mis généreusement à les honorer de nos illustres noms gravés au couteau sur la pierre. En attendant, le récif a été soigneusement mesuré par M. Stevenson. Ce sera une situation bien désolée pour un phare, — le Bell-Rock et l'Eddystone ne seront plus à côté qu'une plaisanterie. »

La difficulté de l'entreprise la fit différer jusqu'à l'automne de 1834, où Alan Stevenson, le digne fils de Robert, reçut l'autorisation de commencer une inspection préliminaire qu'il ne put compléter qu'en 1835. Cette difficulté ne provenait pas seulement de la position, mais de la nature du récif lui-même.

A vrai dire, la distance de terre était moins considérable de 5 milles pour Skerryvore que pour Bell-Rock ; mais l'île stérile et surpeuplée de Tyrée n'offrait ni les ressources de la côte orientale ni un havre comme Arbroath ; il fut nécessaire de construire à la station la plus rapprochée et la moins défavorable de Tyrée, une jetée et un havre, avec des hangars temporaires pour les ouvriers, des magasins de toute sorte, dont tous les matériaux, excepté l'article unique de la pierre, qui même devint bientôt insuffisant, devaient être transportés de lieux éloignés.

Les premières et les plus embarrassantes peut-être des nombreuses questions qui se présentent à l'ingénieur à qui une œuvre telle que la construction d'un phare est confiée, sont celles de l'élévation et de la masse. Du temps de Smeaton, où la meilleure lumière en usage était celle des chandelles communes, l'élévation au delà d'un certain point ne pouvait être d'aucune utilité, tandis qu'en 1835, l'application du réflecteur et de la lentille, en permettant d'éclairer plus loin, rendait au contraire cette élévation nécessaire.

On décida donc que la lumière brillerait à 150 pieds environ au-dessus des plus hautes marées, de manière à commander un horizon visible dans un rayon de 18 milles. Ce point fixé, restait le problème de la masse, principalement subordonné à la plus ou moins grande facilité des communications avec le rivage ; laquelle devait régler la question de l'espace pour l'emmagasinement des provisions. Tout bien calculé, on résolut de donner à l'arrangement intérieur un espace de 13,000 pieds cubes.

Une autre particularité distingue Skerryvore du Bell-Rock : le grés du Bell-Rock était usé et hérissé d'inégalités rugueuses ; l'action de la mer sur la formation ignée du Skerryvore lui avait au contraire donné l'aspect et le poli d'une masse de cristal sombre qui inspira une pittoresque métaphore au contre-maître des maçons, lorsqu'il y mit les pieds. « On

croirait, dit-il, grimper sur le cou d'une bouteille? » Lorsqu'on pense par quels temps, souvent,
eut lieu cette fréquente opération de débarquer sur
le récif, on comprend qu'elle figure au premier rang
des obstacles. Ajoutons qu'en dépit de sa dureté, le
gneiss de Skerryvore est perforé de grottes qui limi-
taient considérablement le terrain propre à une
construction. Une de ces grottes était même assez
curieuse. Elle était terminée en une étroite chambre sphérique avec une ouverture supérieure, à
travers laquelle pénétrait de temps en temps un
jet d'eau de 20 pieds de haut, blanc comme la
neige, et que le soleil teignait de toutes les couleurs de l'arc-en-ciel.

Le 7 août 1838 fut le premier jour où l'on put
travailler sans interruption ; ce travail consista en
préparations pour la baraque provisoire, qui,
comme pour Bell-Rock était un préliminaire indispensable. On n'en put achever le piédestal pyrami-
dal avant le 11 septembre, dernier jour de travail
de la saison. C'était une espèce de colombier aérien,
perché sur de longues échasses et qui coûta cent
soixante-cinq heures de patients efforts. Hélas!
quel fut le désappointement de l'ingénieur lorsque,
le 5 novembre suivant, lui arriva de Tyrée la lettre
suivante :

« Mon cher monsieur, — je suis bien désolé de
vous informer que la baraque construite sur le
Skerryvore a entièrement disparu. On la voyait encore le 31 octobre, et je ne remarquai aucun chan-
gement dans son apparence ; les deux jours sui-

vants, le temps fut brumeux et pluvieux, de sorte
qu'on ne pouvait distinguer le rocher ; le 5, il plut
presque toute la journée avec de fortes brises ;
le soir, le vent ne fit que devenir plus violent et il
soulevait d'énormes vagues ; hier, le vent se calma,
mais la mer était trop grosse pour qu'on pût apercevoir le rocher de la plage. MM. Scott et Barclay
gravirent le sommet du Ben-Hymth, entrevirent un
moment le récif à travers l'écume, et tous deux
furent du même avis, en disant que la baraque n'y
était plus ; les ouvriers qui y avaient travaillé ne
voulaient pas le croire, mais ce matin il nous a été
prouvé que la chose n'était que trop vraie. On voyait
bien distinctement le rocher... sans aucune trace
de la baraque. »

Des rapports ultérieurs confirmèrent le triste dé-
noûment des travaux de 1838 ; tout était détruit ;
des étançons de fer avaient été brisés et tordus
comme la spirale d'un tire-bouchon. La mer avait
précipité la pierre à aiguiser dans un trou profond
de 12 yards. Elle avait transporté l'enclume de
fer à 15 yards de l'emplacement où elle avait été
laissée ; enfin, une pierre pesant plus d'un millier,
arrachée du fond d'une excavation, avait été jetée
sur la surface la plus haute du rocher.

Loin de se décourager, Alan Stevenson n'en
continua ses préparatifs qu'avec une activité plus
grande. Jusqu'à un certain point, les nouveaux travaux furent la répétition de ceux de 1838. La seconde baraque fut terminée le 5 septembre 1839. Ce
n'était guère qu'une boîte en bois ; mais dans cette

boîte, l'industrieux ingénieur avait trouvé le moyen de faire trois étages; le premier servait de cuisine, et le second formait des cabines, l'une pour l'ingénieur, l'autre pour le contre-maître des travaux. Le troisième étage était pour les trente ouvriers employés à l'érection de la tour.

L'opération importante était celle de creuser les fondations, ce qui remplit toute la saison de 1839, depuis le 6 mai jusqu'au 5 septembre. Dans la construction du phare d'Eddystone, Smeaton avait été forcé de se conformer à la structure du rocher, et d'adapter ses assises inférieures en maçonnerie à une sorte d'escalier de terrasses successives soigneusement disposées pour l'ajustement. La formation géodésique de Skerryvore permit à Alan Stevenson d'éviter ce procédé coûteux et délicat. Il creusa une fosse de fondation de 40 pieds de diamètre, la plus large qu'il put obtenir avec un même niveau. L'excavation de ce bassin, cependant, exigea le travail de vingt hommes pendant deux cent dix-sept jours, deux cent quatre-vingt-seize pétards de mines et deux mille tonneaux de matériaux rejetés dans la mer. Ce n'était pas sans de grandes précautions qu'on pouvait faire jouer la mine, à cause de l'absence de tout abri couvert et de l'impossibilité de se retirer à plus de dix pas de distance, quelquefois à douze. Avec quelle précision il fallait mesurer les quantités de poudre! L'architecte lui-même y mettait le feu ou le faisait mettre en sa présence, et par ce moyen, aucun accident n'eut lieu.

« Pendant le premier mois de notre séjour dans la baraque, raconte le courageux chef de l'entreprise[1], nous souffrîmes beaucoup de l'inondation de nos appartements. Une fois aussi, nous restâmes quatorze jours sans communication avec le rivage ou le navire à vapeur affecté à nos travaux, et, pendant la majeure partie de ce temps nous ne vîmes rien que de blanches plaines d'écume, aussi loin que l'œil pouvait atteindre : nous n'entendîmes rien que les sifflements du vent et la voix tonnante des flots qui, par moments, devenait si bruyante, qu'il était presque impossible de s'entendre parler. Une pareille scène, avec les débris de la première baraque à quelques pas de nous, était propre à nous inspirer les appréhensions les plus décourageantes. Je me rappelle très-bien la sensation indéfinie de terreur qui me réveilla en sursaut, lorsqu'au milieu de la nuit, une grosse mer assaillit la baraque, et arracha un cri affreux à tous ceux qui reposaient dans la chambre au-dessus de la mienne. Ils s'élancèrent à bas de leurs couchettes, persuadés que toute la construction avait été précipitée au fond de l'Océan. »

Le 20 juin, on n'avait encore descendu sur le rocher que le fer et le bois de charpente ; les grosses pierres arrivèrent alors, et il en fut apporté huit cents tonneaux toutes taillées. Mais le débarquement de ces matériaux essentiels entraînait des risques qui se renouvelaient à chaque bloc ; la

[1] *Account of the Skerryvore lighthouse.*

perte d'un seul eût retardé toute la construction.
Enfin la première pierre de fondation fut mise en
place, cérémonie à laquelle présida le duc d'Argyle,
accompagné de la duchesse, de sa fille et d'une
compagnie nombreuse.

L'été de 1840 fut un été de tempêtes. Cependant
au milieu de craintes incessantes, de travaux fati-
gants et de privations de toutes sortes, Alan Stevenson déclare que tels étaient le sentiment du
devoir chez tous et le désir de voir leurs efforts
récompensés par le succès, que personne ne songea
à abandonner ce champ de bataille d'un nouveau
genre.

« A trois heures et demie du matin, dit-il,
nous étions réveillés, et à quatre commençait le
travail jusqu'à huit, où une demi-heure était accor-
dée pour le dîner. Puis on se remettait à l'ouvrage
jusqu'à sept, huit, et même neuf heures, quand il
y avait quelque chose d'urgent. Alors venait le
souper, qu'on mangeait avec plus de loisir et plus
confortablement à la fraîcheur de la soirée. Ce travail prolongé produisait une continuelle somno-
lence, et ceux qui s'asseyaient ne tardaient pas à
s'endormir. Cela m'est arrivé plusieurs fois à moi-
même pendant le déjeuner ou le dîner. Plusieurs
fois aussi, je me suis réveillé la plume à la main
avec un mot commencé sur le papier de mon journal. Cependant la vie sur le rocher de Skerryvore
n'était pas sans ses plaisirs particuliers. La grandeur des colères de l'Océan, le sourd murmure des
vagues, le cri rauque des oiseaux de mer qui ve-

naient voler sans cesse autour de nous, surtout au moment des repas, la splendeur d'une mer polie comme un miroir et celle d'un ciel sans nuage, le solennel silence des nuits azurées, tantôt parsemées d'étoiles, tantôt éclairées par la pleine lune, c'étaient là les scènes du spectacle qui fixait souvent notre pensée dans une situation comme la nôtre, où à des heures de bruit incessant succédaient forcément de longues heures pour la réflexion. Ajoutez aussi les émotions continuelles de l'espérance et de l'inquiétude, la nécessité pour moi de tout surveiller, de donner mon avis sur tout, les moments que je pouvais consacrer à ma correspondance, et à la lecture, le plaisir enfin de recevoir les lettres des miens, et l'on comprendra que j'aie pu me réconcilier avec ce roc désert, que j'aie même pu y trouver des jouissances, quoique j'y aie passé une fois environ cinq semaines sans interruption. »

En juillet 1841, la maçonnerie atteignit une hauteur à laquelle il devenait difficile et même peu sûr de conserver la grue stationnaire. On lui substitua la grue à balance, cette belle machine, inventée pour le Bell-Rock, et qui s'élève en même temps que l'édifice qu'elle aide à élever. Grâce à ce nouvel auxiliaire, la masse de maçonnerie achevée pendant cette saison atteignit 30,000 pieds cubes, plus du double de celle de l'Eddystone et un plus que celle de la tour du Bell-Rock. Telle était la précision observée dans la taille préalable des pierres, qu'après qu'elles furent toutes venues s'adapter régulièrement l'une à l'autre, le diamètre de cha-

que assise ne varia pas d'un seizième de pouce avec
la dimension arrêtée d'avance, et la hauteur ne dé-
passa que d'un pouce celle que l'architecte avait cal-
culée. Stevenson répète ici que, s'il put faire avancer son œuvre plus rapidement que son père
n'avait pu faire avancer la sienne, il le doit au navire à vapeur qu'il avait sous ses ordres.

Le 21 juillet, le canon du steamer fit entendre
son salut en débarquant les dernières pierres destinées à la tour. Le 10 août, arriva la lanterne que
l'on hissa et fixa, en la couvrant d'un abri provisoire afin de la défendre des injures de l'hiver.

L'été de 1843 fut rempli par le rejointement de la
maçonnerie extérieure, opération ennuyeuse faite
au moyen d'échafaudages suspendus, et par l'arrangement intérieur. Enfin le 1ᵉʳ février 1844, la lumière du phare brilla aux yeux des navigateurs.

L'appareil lumineux qu'on adopta était identi-
quement celui qui avait été appliqué quelques
années auparavant à la tour de Cordouan, l'appareil dioptrique. La lumière tourne, n'apparaissant
qu'une fois par minute dans tout son éclat. Elevée
de 48 mètres au-dessus du sol et de 45ᵐ,07 de la
mer, elle est aperçue à 18 milles.

Telle est l'histoire du phare de Skerryvore. Peut-
être trouvera-t-on qu'elle diffère peu de celle de ses
aînés. Nous ne pouvions cependant la passer sous
silence, car elle complète une œuvre qu'on pourrait
nommer *l'art de bâtir les phares en pleine mer*, art
entièrement inconnu avant Smeaton, Robert et
Alan Stevenson, — trois hommes dont l'Océan, s'il

pouvait traduire en paroles le « sourire rhythmé »
de son calme d'été, ou les accents plus âpres de ses
colères équinoxiales, pourrait dire avec le poëte :

> Great I must call them for they conquer'd me.
> Je dois les nommer grands, ne m'ont-ils pas vaincu ?

D'autres ingénieurs sont venus après eux, ont fait
aussi bien, et ont même perfectionné leurs méthodes : mais eux ont eu l'immense mérite d'avoir
réussi les premiers et du premier coup. Si donc,
lorsqu'on aperçoit du fond de l'horizon, sur le
navire qui vous balance, le feu qui indique le
port, on doit penser à Fresnel; en s'approchant du
monument qui supporte la lumière, n'oubliez pas
les noms de Smeaton, de Robert et d'Alan Stevenson. Eux aussi sont de grands hommes !

V

NORTH-UNST

— 1854 —

L'érection de la tour de North-Unst exécutée en 1854, sans offrir des difficultés comparables à celles qu'offrait celle du Bell-Rock, représente néanmoins un des résultats les plus intéressants obtenus par les ingénieurs anglais. Ainsi que l'indique notre dessin, elle s'enracine sur un roc isolé, voisin des îles Shetland, et dont la hauteur au-dessus du niveau de la mer est estimée à 200 pieds. Sa face nord, qui est perpendiculaire, est exposée à toutes les violences de l'Océan ; sa face sud, quoique moins abrupte, n'en est pas moins d'une ascension très-difficile ; et son sommet est juste assez large pour contenir les assises de la tour. Celle-ci a 50 pieds, et avec la chambre de la lanterne, elle contient une chambre à coucher,

Fig. 20. — North-Unst's Light-House.

une cuisine et un office. A sa base, on remarque un autre magasin dans lequel on renferme l'huile, le charbon de terre et les caisses à eau. On ne peut l'aborder que par le beau temps. Les demeures de ses quatre gardiens sont sur l'île de Unst, à environ 4 milles du phare.

VI

SUNDERLAND — PROMENADE D'UN PHARE

— 1841 —

Une des plus étranges opérations que l'on rencontre dans l'histoire de la construction des phares, est, sans contredit, celle qu'on a fait subir à celui de Sunderland. Lorsque ce port fut réparé en 1841, on construisit une jetée qui rendait inutile l'ancien quai, et par conséquent le phare qu'on avait élevé dessus. On s'apprêtait donc à le démolir, quand un ingénieur, M. John Murray, eut l'heureuse idée d'offrir de transporter le monument, tout d'une pièce, jusqu'à l'emplacement proposé pour le nouveau, c'est-à-dire à une distance de 475 pieds. Cette offre fut acceptée, car c'est toujours une entreprise curieuse et rare que le transport de grandes masses, en Europe du moins. Aux États-Unis, dans cette patrie du *Go ahead*, ces entreprises sont plus fréquentes, et l'on a vu plus d'une fois ce procédé appliqué à des maisons, à des usines, qu'il s'agissait de placer plus favorablement. En pareil cas, on pratique dans les murs une série d'ouvertures, par lesquelles on introduit des poutres que l'on réunit à l'aide de traverses en forme de plancher ; on détruit ensuite les parties restantes de la base des murs, et l'édifice ne repose plus que sur cette espèce de plate-forme que l'on fait mouvoir par un système de coulisses.

Pour le phare de Sunderland, l'entreprise était plus difficile, car sa base étroite supportait un poids relativement plus considérable que celui d'une maison, et tel qu'il semblait devoir écraser tous les véhicules à interposer entre le sol et la masse à ébranler. Celle-ci était de 757,000 livres ; elle consistait en une tour octogone bâtie en pierres de Portland, d'une hauteur de 76 pieds, et n'ayant que 15 pieds à la base. Ajoutons que la jetée était plus élevée de 1 pied 7 pouces que l'ancien quai, et elle suivait une direction toute différente, ce qui obligeait à faire tourner l'édifice sur lui-même, en même temps qu'on devait lui faire parcourir une ligne brisée, dont l'une des sections, allant du sud au nord, mesurait 28 pieds, et dont l'autre section, se dirigeant de l'ouest à l'est, avait 447 pieds de longueur.

Le dessin ci-joint que nous empruntons à la précieuse collection du *Magasin pittoresque*, donnera une idée de la méthode imaginée pour résoudre le problème. Une série d'ouvertures, pratiquées

comme il a été dit plus haut, servirent à faire porter la base de la tour sur une solide plate-forme en
madriers de bois de chêne. Des étais nombreux,
réunis par des traverses, étreignirent le bâtiment
dans toute sa hauteur, en l'entourant d'une espèce
de cage de charpente. 144 galets ou roues mas-
sives en fonte, ayant une gorge semblable à celle
des roues des locomotives étaient adaptées sous les
madriers, et s'emboîtaient sur huit rails parallèles,
également en fonte, reposant avec leurs supports sur
la maçonnerie du quai et de la jetée. Pour éviter la
dépense, on enlevait les rails à mesure que la masse
changeait de place ; on les posait plus loin, et ainsi
de suite jusqu'au terme du trajet. Des chaînes de
fer attachées à la plate-forme venaient s'enrouler
sur des treuils mus par un certain nombre d'ouvriers. La durée totale de l'opération fut de treize
heures vingt-quatre minutes. Il fallut les efforts
réunis de quarante hommes pendant cinq heures,
pour faire franchir à l'appareil les 28 pieds de la
première section, tandis que dix-huit hommes suffirent pour lui faire parcourir en huit heures
vingt-quatre minutes les 447 pieds de la seconde.
Dans cette partie, les rails furent d'abord disposés
en courbe, afin de faire prendre au phare une position symétrique par rapport à la jetée ; puis il
avança parallèlement à lui-même en suivant un
plan légèrement incliné. Des coins empêchaient la
tour de dévier de la ligne perpendiculaire pendant
cette ascension. Cette double disposition avait pour
but de faire tourner le phare et de l'amener à un

Fig. 21. — Transport du phare de Sunderland.

niveau plus élevé, ainsi qu'on a vu qu'il était nécessaire de le faire. La translation eut lieu avec si
peu d'inconvénient pour le service du port, que, le
soir, les feux du phare furent allumés comme de
coutume.

Il nous reste à ajouter que cette opération fut
aussi avantageuse sous le rapport pécuniaire que
remarquable sous le rapport scientifique. Au lieu
d'avoir à débourser 50,000 francs, qui lui étaient
demandés pour le phare qu'on voulait substituer à
l'ancien, la Trinity-House ne paya pour le déplace-
ment que 27,675 francs, somme fort inférieure à
celle qu'il paraissait d'abord inévitable de dépenser.

LES PHARES FRANÇAIS

I

CORDOUAN

— 1584-1610 —

« Impétueuse est la Manche, dans son détroit où s'engouffre le flux de l'océan du Nord, dit Michelet. Apre est la mer de Bretagne, dans les remous violents de ses découpures basaltiques. Mais le golfe de Gascogne, de Cordouan à Biarritz, est une mer de contradictions, une énigme de combats. En allant vers le Midi, elle devient tout à coup extraordinairement profonde, un abîme où l'eau s'engouffre. Un ingénieux naturaliste la compare à un gigantesque entonnoir qui absorberait brusquement. Le flot, échappé de là sous une pression épouvantable, remonte à des hauteurs dont nos mers ne donnent aucun autre exemple. »

L'éloquent historien de la mer ne fait pas une peinture trop exagérée des violences du golfe de Gascogne ; aussi, dès les temps les plus reculés, les marins ont-ils cherché à en amoindrir les effets en éclairant l'entrée de la Gironde. Il faut remonter très-haut lorsqu'on cherche l'origine du phare de Cordouan. Malheureusement tout est mystère dans son histoire, son origine et sa construction miraculeuse sur un plateau de rochers que balayent et recouvrent les flots à chaque marée. Il est certain que deux phares ont précédé celui que l'on admire aujourd'hui. S'il faut en croire la tradition, le plus ancien aurait été bâti par Louis le Débonnaire. Mais « aucun document ne venant à l'appui de cette hypothèse, nous écrit un des hommes qui connaissent le mieux l'Aquitaine et qui en ont le mieux parlé[1], je serais, pour ma part, porté à croire que la première tour fut élevée seulement au treizième siècle, sur la demande des marchands étrangers qui venaient à Bordeaux charger des vins, et particulièrement des marchands de Cordoue. Matthieu Paris nous apprend, en effet, dans sa *Grande Chronique*, que les Maures ayant été refoulés à l'extrême sud de l'Espagne, de grandes relations commerciales s'établirent à cette époque (1256) entre les Gascons et les villes de Cordone et de Séville. De là serait venu le nom de Cordouan. Je sais que cette étymologie est contredite par plusieurs érudits, et même tournée en ridicule, mais plaisanter n'est pas prouver. Ce qui paraît certain, c'est que la ville de Cordoue (cité de 300,000 âmes au treizième siècle et ancienne capitale du kalifat de ce nom) avait deux

---

[1] M. Ribadieu, rédacteur en chef de *la Guyenne*.

raisons au lieu d'une pour demander l'établissement d'un phare à l'entrée de la Gironde; car des marchands venaient à Bordeaux non-seulement y chercher des vins, mais aussi y porter des peaux et des cuirs réputés de tout temps et aujourd'hui encore pour leur finesse et leur bonne qualité. »

Si nous passons du domaine des conjectures dans celui de l'histoire, nous voyons le second phare, bâti au quatorzième siècle (1362-1370) par les ordres du fameux prince Noir. Ce phare s'élevait de 48 pieds au-dessus du sol. Il était terminé par une plate-forme sur laquelle on allumait un feu de bois qu'un ermite était chargé d'entretenir. Cet ermite percevait pour sa peine un droit sur chaque navire de « deux gros de sterling. » On croit généralement que le rocher sur lequel la tour se trouvait était encore réuni à cette époque à la côte de Médoc. La configuration du terrain, la distance, la profondeur des passes, les ravages que fait encore la mer à Soulac et à la pointe de Grave viennent à l'appui de cette opinion.

Le phare bâti par le prince Noir n'était pas tout à fait solitaire sur son roc ; on lui avait donné pour compagne une chapelle élevée en l'honneur de la vierge Marie, et plusieurs maisons, construites vers le même temps autour du lieu saint, formèrent peu à peu une espèce de village. C'est là qu'habitaient l'ermite, ses aides, et probablement un petit nombre de pêcheurs et de pilotes.

Une gravure qui doit être du treizième siècle représente cette ancienne tour. C'est un édifice de forme octogonale, à ouvertures quadrangulaires mais allongées. La tour est doublée, si l'on peut dire, jusqu'à la hauteur du premier étage, d'un revêtement extérieur en pierre formant contre-fort. Quelques-unes des maisons qui occupaient jadis cet

Fig. 22. — Ancienne tour de Cordouan.

emplacement existaient encore à l'époque où fut exécuté ce dessin.

Le phare qui fait aujourd'hui, et à si juste titre, l'admiration des visiteurs fut construit, non sur les

Fig. 25. — Phare actuel de Cordouan.

ruines de l'ancien, mais à côté. Commencé, en 1584, par Louis de Foix, architecte de Paris, et auquel Philippe II confia plus tard la construction de l'Escurial, il ne fut achevé qu'en 1610, par son fils. La tour avait, y compris le massif de la plate-forme, 60 pieds de haut, 70 pieds en y ajoutant la lanterne en pierre. A cette époque, le terrain était tout à fait, et depuis longtemps sans doute, séparé du continent et formait une île d'une certaine étendue, « l'isle de Cordouan, » dit Louis de Foix lui-même, dans le contrat passé avec les autorités de la Guyenne pour la construction de la tour. Cette île a disparu depuis, ainsi que la chapelle et les maisons dont nous avons parlé; il n'y a plus aujourd'hui, au pied du monument, que le roc nu et quelques langues de sable complétement recouvertes à mer haute.

Le phare, tel qu'il sortit des mains des deux de Foix, se composait d'une plate-forme circulaire que défendait un large parapet, et de la tour, qui était divisée en quatre étages, non compris la lanterne. Le rez-de-chaussée présentait un grand vestibule de forme carrée et quatre petits réduits qui servaient de logements et de magasins. Des escaliers, placés dans les embrasures de la porte d'entrée et des deux fenêtres, conduisaient dans les caves et dans la citerne. A droite et à gauche de cette porte étaient placés, avant la révolution, les bustes de Henri III et de Henri IV. Au premier étage, qui portait le titre, probablement peu justifié, « d'appartement du roy, » était une salle de mêmes dimensions que le vestibule, mais plus richement décorée, d'où l'on

pouvait se rendre sur une première galerie extérieure. Une chapelle, de forme circulaire, occupait
le second étage ; elle était éclairée par deux rangs
de fenêtres, couverte par une voûte sphérique, et
ornée de pilastres corinthiens et d'élégantes sculptures. On a placé au-dessus de la porte de cette chapelle le buste de Louis de Foix ; et le sonnet suivant,
composé dans le galimatias le plus pur du temps,
se lit dans un large cadre qui le domine :

QVAND IADMIRE RAVI CEST ŒVVRE EN MON COVRAGE

MON DE FOIX MON ESPRIT EST EN ESTONNEMENT,

PORTE DANS LES PENSERS DE MON ENTENDEMENT

LE GENTIL INGENIEVX DE CE SVPERBE OVVRAGE

LA IL DISCOVRT EN LVY ET DVN MVET LANGAGE

TE VA LOVANT SVBTIL EN CE POINT MESMEMENT

QVE TV BRIDES LES FLOTS DV GRONDEVX ELEMENT

ET DVN MVTIN NEPTVNE LA TEMPESTE ET LORAGE

O TROIS ET QVATRE FOIS BIENHEVREVX TON ESPRIT

DE CE QVAV FRONT DRESSE CE PHARE IL ENTREPRIT

POVR SE PERPETVER DANS LHEVREVSE MEMOIRE

TV TES AQVIS PAR LA VN HONNEVR INFINI

QVI NE FINIRA POINT QVE CE PHARE DE GLOIRE

LE MONDE FINISSANT NE SE RENDE FINY.

Toutes ces parties de la construction primitive
subsistent encore et n'ont pas été trop altérées par
les restaurations ; mais il n'en est pas de même pour
la partie supérieure de l'édifice : elle a été complétement détruite lors de l'exhaussement de la tour.

Au-dessus de la seconde galerie, le dôme de la
chapelle était accusé au dehors et découpé par des
lucarnes richement ornées, qui formaient le second
rang des fenêtres de cette salle. Il était surmonté

d'un pavillon circulaire voûté et décoré de pilastres composites, dont l'entablement était couronné par la balustrade à jour d'une galerie extérieure conduisant dans la lanterne. Cette lanterne, de dimensions assez restreintes, était exécutée en pierres de taille, et se composait de huit arcades, dont les pieds-droits étaient ornés de colonnes, et dont la coupole se terminait par la cheminée destinée au dégagement de la fumée du foyer.

Sous Louis XV, en 1727, une lanterne de fer fut substituée à cette lanterne en maçonnerie, dont les pierres avaient été calcinées par le feu, et dont les larges pieds-droits présentaient d'ailleurs le grave inconvénient d'occulter une partie très-notable de la lumière; mais on conserva la même hauteur au foyer, qui n'était élevé que de 37 mètres au-dessus du niveau des plus hautes mers.

Cette hauteur, ne permettant pas aux navigateurs d'apercevoir le feu à grande distance, fut bientôt jugée insuffisante. Un projet d'exhaussement de 10 mètres fut rédigé par le chevalier de Borda, qui le soumit à Teulère, ingénieur en chef de la généralité de Bordeaux. Ce dernier démontra la nécessité et la possibilité de porter cet exhaussement à 20 mètres. Les plans furent accueillis, et leur exécution, qui n'était pas sans quelque témérité, eut lieu de 1788 à 1789, avec un succès qui a valu à Teulère une gloire presque égale à celle du premier architecte de la tour.

Le foyer s'élève aujourd'hui à 63 mètres au-dessus du sol et de 59 mètres du niveau des hautes mers. Mais il faut avouer qu'au point de vue de l'art, le monument est loin d'avoir gagné. Les formes trop nues de la construction moderne ont quelque chose de sec, qui contraste d'une manière regrettable avec l'élégance et la richesse de l'œuvre de la Renaissance. Le couronnement actuel ne vaut pas, à beaucoup près, celui qui existait autrefois. Cependant, dit justement M. Reynaud, « la première impression que fait éprouver l'édifice ne laisse place à aucun regret ; on est saisi d'un profond sentiment d'admiration dès qu'on se trouve en présence de ce majestueux monument, s'élevant avec tant de hardiesse au sein de l'Océan. »

M. Michelet a magnifiquement exprimé cette sensation dans son beau livre sur la mer. « Pendant six mois de séjour que nous fîmes sur cette plage, dit-il, notre contemplation ordinaire, je dirai presque notre société habituelle, était Cordouan. Nous sentîmes combien cette position de gardien des mers, de veilleur constant du détroit, en faisait une personne. Debout sur le vaste horizon du couchant, il apparaissait sous cent aspects variés. Parfois, dans une zone de gloire, il triomphait sous le soleil ; parfois, pâle et indistinct, il flottait dans le brouillard et ne disait rien de bon. Au soir, quand il allumait brusquement sa rouge lumière et lançait son regard de feu, il semblait un inspecteur zélé qui surveillait les eaux, pénétré et inquiet de sa responsabilité. Quoi qu'il arrivât de la mer, toujours on s'en prenait à lui. En éclairant la tempête, il en préservait souvent, et on la lui attribuait. C'est ainsi que l'igno-

Fig. 24. — Intérieur du phare de Cordouan.

rance traite souvent le génie, l'accusant des maux
qu'il révèle. Nous-mêmes, nous n'étions pas justes.
S'il tardait à s'allumer, s'il venait du mauvais
temps, nous l'accusions, nous le grondions. « Ah !
« Cordouan, Cordouan, ne sauras-tu donc, blanc
« fantôme, nous amener que des orages? »

Une restauration complète du phare de Cordouan
a été exécutée dans ces dernières années : elle a eu
pour objet de remplacer les pierres rongées par le
temps, et elles étaient nombreuses, surtout au
dehors, et de faire revivre les sculptures, qu'on
avait grand peine à retrouver, tant elles étaient dé-
gradées. On a reconstruit en outre la totalité des
logements qui avaient été à diverses reprises adossés
contre le rempart de la plate-forme pour suppléer à
l'insuffisance de ceux de la tour. En 1854, on lui a
donné les caractères qui le distinguent aujourd'hui
des autres feux ses voisins, c'est-à-dire un feu
tournant de minute en minute, blanc et rouge, dont
la portée est de 27 milles.

L'installation de l'appareil dioptrique de Cordouan est ancienne ; elle remonte aux premières
expériences de Fresnel, car c'est une particularité
à noter dans l'histoire de ce patriarche des phares,
que c'est toujours à lui qu'on a songé lorsqu'il
s'est agi d'essayer une invention nouvelle. Il fut
l'un des premiers qui virent le charbon de terre
remplacé, comme moyen d'éclairage, par des lampes.
En 1782, il n'en comptait pas moins de 80, accompagnées chacune d'un réflecteur. Un peu plus tard,
lorsque Teulère eut fourni à Borda les éléments du

système catoptrique, ce fut à Cordouan que fut installé le plus grand appareil (1790). Enfin, quand Augustin Fresnel eut à son tour inventé le système lenticulaire, ce fut encore à Cordouan que fut expérimenté le modèle le plus important.

En présence des nombreux et précieux services que Cordouan a rendus, nous nous demandons si, parmi tant de monuments élevés par l'orgueil des hommes, il en est beaucoup qui soient aussi respectables que cet Abraham des phares. Dans ce nombre, nous n'en trouvons pas un qui mérite, à nos yeux, une plus profonde vénération. Plus noble et plus utile que les trophées dont les conquérants ont semé leurs pas sanglants, ou les bornes fastueuses dressées par les nations à chacune des étapes de leur histoire, il sera aussi plus durable; car ceux-ci n'appartiennent qu'à quelques individus ou à des nations : Cordouan, lui, appartient à la race humaine !

II

LES PHARES DE LA HÉVE

— 1774 —

Personne n'a visité le Havre sans donner au moins une heure au cap de la Hève et aux phares auxquels Casimir Delavigne rend ce poétique hommage. On fait d'autant plus volontiers cette promenade que pour aller aux phares il faut traverser Sainte-Adresse, et que Sainte-Adresse passe pour l'une des merveilles de la Normandie.

« La délicieuse vallée de Tempé, que les poëtes de tous les temps se sont plu à embellir des prestiges de leur imagination, n'a rien sans doute que puisse lui envier le vallon de Sainte-Adresse ; ses eaux limpides, les douces collines qui l'embrassent, les petits jardins où cette fois la main de l'art n'a point outragé l'œuvre de la nature ; cette fraicheur si pure qu'on y goûte en respirant le parfum de mille fleurs, que n'emporte pas le vent de la plaine, tout charme, tout séduit, et l'on s'écrie : Heureux celui qui peut passer sa vie dans un séjour que Flore et Pomone embellissent ! La déesse Hygie l'habite toute l'année, et, par une heureuse alliance avec Borée, l'une et l'autre se disputent le plaisir de protéger ce nouvel Éden contre le hideux cortége des infirmités humaines. Peintres, saisissez vos crayons, et que son image renaisse sous vos pinceaux imitateurs ; poëtes, venez-y chercher des inspirations ; etc. »

Ainsi s'exprime Morlent dans sa Monographie du Havre. Il est vrai que Morlent, — est-il besoin de le dire ? — écrivait en 1825. Depuis cette époque bien des choses ont changé, le style descriptif comme le vallon de Sainte-Adresse, qui n'est plus aujourd'hui qu'un faubourg du Havre, couvert de *bâtisses* plus ou moins pittoresques.

Ce que Sainte-Adresse a conservé de plus curieux, c'est l'origine de son nom. On raconte qu'emporté par les courants, et près de se briser sur la Hève, qui se prolongeait alors fort loin dans la mer, un vaisseau allait périr. Déjà, les matelots découragés avaient abandonné la manœuvre ; le pilote, ayant quitté le gouvernail, imitait le reste de l'équipage, et recommandait son âme à saint Denys, *chef de*

Caux, dont par intervalles on apercevait le clocher[1] :
« Mes amis, dit le capitaine, qui dans cette circonstance avait conservé toute sa présence d'esprit, ce
n'est point saint Denys qu'il faut invoquer, c'est
sainte Adresse, car il n'y a qu'elle en ce moment qui
puisse nous faire arriver au port. » Les matelots re-
prirent courage ; le navire entra au Havre, et le mot
de *Sainte-Adresse* fit fortune.

A propos de la Hève, le grand écrivain havrais,
Bernardin de Saint-Pierre, raconte une légende
charmante.

« La Seine — c'est Céphas, l'un des personnages
de *l'Arcadie* qui parle — « la Seine, fille de Bacchus et nymphe de Cérès, avait suivi dans les
Gaules la déesse des blés, lorsqu'elle cherchait sa
fille Proserpine par toute la terre. Quand Cérès eut
mis fin à ses courses, la Seine la pria de lui donner, en récompense de ses services, les prairies
où coule aujourd'hui la rivière. La déesse y consentit et accorda, de plus, à la fille de Bacchus,
de faire croître des blés partout où elle porterait ses
pas. Elle laissa donc la Seine sur ces rivages, et lui
donna pour compagne et pour suivante la nymphe
Héva, qui devait veiller près d'elle, de peur qu'elle
ne fût enlevée par quelque dieu de la mer, comme
sa fille Proserpine l'avait été par celui des enfers.
Un jour que la Seine s'amusait à courir sur ces

---

[1] Le Saint-Denys-Chef-de-Caux était autrefois le port de ce qui
est aujourd'hui Sainte-Adresse. C'est là qu'en 1415, Henri, V, roi
d'Angleterre, débarqua lorsqu'il vint assiéger Harfleur. Mais peu à
peu la mer, en dévorant le cap, a détruit et le village et le port et
l'église où était vénéré ce saint Denys.

sables en cherchant des coquilles, et qu'elle fuyait,
en jetant de grands cris, devant les flots de la mer
qui quelquefois lui mouillaient les pieds, Héva sa
compagne aperçut sous les ondes les chevaux blancs,
le visage empourpré et la robe bleue de Neptune.
Ce dieu venait des Orcades après un grand tremblement de terre, et il parcourait les rivages de l'Océan,
examinant avec son trident si leurs profondeurs
n'avaient pas été ébranlées. A sa vue, Héva jeta un
grand cri, et avertit la Seine, qui s'enfuit aussitôt
vers les prairies. Mais le dieu des mers avait aperçu
la nymphe de Cérès, et touché de sa bonne grâce et
de sa légèreté, il poussa sur le rivage ses chevaux
marins après elle. Déjà il était près de l'atteindre,
lorsqu'elle invoqua Bacchus son père et Cérès sa
maîtresse. L'un et l'autre l'exaucèrent : dans le
temps que Neptune tendait les bras pour la saisir,
tout le corps de la Seine fondit en eau ; son voile
et ses vêtements verts, que les vents poussaient
devant elle, devinrent des flots couleur d'émeraude ;
elle fut changée en un fleuve de cette couleur, qui
se plaît encore à parcourir les lieux qu'elle a aimés
étant nymphe ; ce qu'il y a de plus remarquable,
c'est que Neptune, malgré sa métamorphose, n'a cessé
d'en être amoureux, comme on dit que le fleuve Al-
phée l'est encore en Sicile de la fontaine Aréthuse.
Mais si le dieu des mers a conservé son amour pour
la Seine, la Seine garde encore son aversion pour
lui. Deux fois par jour, il la poursuit avec de grands
mugissements ; et chaque fois la Seine s'enfuit dans
les prairies en remontant vers sa source, contre le

cours naturel des fleuves[1]. En tout temps, elle sépare ses eaux vertes des eaux azurées de Neptune.

«Héva mourut de regret de la perte de sa maîtresse. Mais les Néréides, pour la récompenser de sa fidélité, lui élevèrent sur le rivage un tombeau de pierres blanches et noires, qu'on aperçoit de fort loin. Par un art céleste, elles y enfermèrent même un écho, afin qu'Héva, après sa mort, prévînt par l'ouïe et par la vue les marins des dangers de la mer. Ce tombeau, c'est cette montagne escarpée, formée de couches funèbres de pierres blanches et noires. Elle porte toujours le nom d'Héva. »

Ce cap de la Hève, l'ancien promontoire des Calètes, est l'une des jetées de la grande embouchure de la Seine ; il s'étendait, au dixième siècle, très-avant dans la mer, et faisait partie intégrale du banc de l'Éclat, qui en est maintenant séparé par une passe d'environ 2 kilomètres. Ce banc en a été distrait, comme son nom l'indique, par une irruption subite des courants ou par un tremblement de terre: Depuis, l'Océan n'a pas cessé ses ravages, et l'on estime à 2 mètres ce qu'il enlève au cap tous les ans.

Si nous en croyons une vieille chronique, les phares de la Hève auraient une origine assez ancienne. Ils remonteraient à l'époque où Harfleur était le rendez-vous des flottes espagnoles. La tour qu'on voyait alors sur le *groing* de Caux aurait été construite en 1364 ; on y faisait du feu en tout temps, et

---

[1] Nos lecteurs ont compris qu'il s'agit ici du phénomène du *mascaret.*

on l'appelait la *Tour des Castillans*. Il n'en restait aucun vestige lorsque les instances réitérées du commerce et de la marine déterminèrent le gouvernement de Louis XV à céder aux vœux de la chambre de Normandie, en construisant les phares qui éclairent aujourd'hui le Havre.

Les édifices que représentent notre dessin ont été construits en 1774. Surmontés d'abord par des foyers dans lesquels on brûlait de la houille, chacun d'eux fut couronné en 1781 par une lanterne qui contenait un appareil d'éclairage formé de seize réflecteurs sphériques illuminés les uns par trois, les autres par deux lampes à mèches plates. Il y avait quarante becs par appareil. Des réflecteurs à deux paraboloïdes de Bordier-Marcet, au nombre de six par phare, furent substitués en 1811 et 1814 à ces vicieux appareils. Ils furent portés à dix en 1819. Enfin, en 1845, les deux tours ont été restaurées et modifiées à leur partie supérieure, de manière à recevoir des appareils lenticulaires et des lanternes de 3^m,50 de diamètre[1]. De la même époque datent les logements de gardiens établis entre les deux tours. Ces gardiens ont chacun deux chambres à feu, un cabinet, un grenier et un bûcher qui est établi dans une cour de service. On voit qu'il ne sont pas trop mal logés.

Les élévations des phares de la Hève présentent un fort beau caractère. Le spectacle dont on jouit de leur sommet est également très-imposant ; quelques

---

[1] Ces tours viennent d'être encore modifiées pour recevoir un appareil électrique.

Fig. 25. — Phares de la Hève.

voyageurs ont même comparé la vue immense que l'œil embrasse à celle de Corinthe et de Constantinople. Lorsque le ciel est pur, on découvre en effet jusqu'à Barfleur, dans le sud-ouest ; à l'ouest, c'est Honfleur, Trouville et tous ces petits bains de mer que la spéculation a élevés depuis une dizaine d'années sur la côte normande : Villers, Houlgate, Cabourg, Beuzeval, etc. ,enfin, plus loin, la Hougue, si tristement célèbre. Au nord, c'est le cap d'Antifer, et les rochers sombres et déchirés d'Étretat.

Les phares de la Hève nous l'avons dit plus haut, sont les premiers dans lesquels on ait fait, en France, l'application de la lumière électrique. Cette lumière est évaluée à 5,000 becs de Carcel, et on lui donne une portée de 27 milles, qu'elle dépasse certainement, et de beaucoup. Les deux feux sont fixes, ils rayonnent à 20 mètres au-dessus de la falaise, et à 121 mètres du niveau des hautes mers.

III

LE PHARE DES HÉAUX DE BRÉHAT

— 1836-1840 —

L'un de nos phares les plus importants est celui dont le feu fixe rayonne chaque nuit sur le vaste et dangereux espace compris entre la côte de Bretagne et les Roches-Douvres. Dans nos opulentes cités, il serait un monument de premier ordre, et sa célébrité égalerait celle des tours d'Eddystone et de Bell-Rock si, comme elles, il comptait autant d'années, et s'il eût été bâti à l'époque où la science de l'ingénieur était moins avancée qu'elle ne l'est de nos jours.

Soyons justes cependant, et remarquons que si sûr de lui-même qu'ait été son célèbre constructeur, lorsqu'il jeta les fondements de l'édifice sur les redoutables rocs des Épées de Tréguier, si bien renseigné qu'il fût sur les travaux de ses devanciers,

M. Léonce Reynaud se trouva en face de difficultés qui ne furent ni moins nombreuses ni moins ardues que celles dont Smeaton et Stevenson sont venus à bout.

Ils étaient assez inquiétants, ces obstacles, pour que la commission de l'éclairage des côtes de France ait hésité entre la mer et le continent, lorsqu'elle eut décidé qu'un phare serait élevé au débouché du golfe qui s'étend entre la Bretagne et le Cotentin. Le rocher sur lequel s'arrêta le choix des ingénieurs fait partie d'un groupe d'autres rochers que la mer recouvre presque tous lorsqu'elle est pleine. On ne devait donc pouvoir y travailler que pendant un certain nombre d'heures chaque jour. De plus, les courants de marée des parages dans lesquels il est situé sont d'une très-grande force ; leur vitesse atteint jusqu'à 8 nœuds ($4^m,11$) par seconde, et lorsque l'agitation d'une tempête se joint à eux, la mer devient d'une violence excessive ; ses lames s'élèvent à des hauteurs énormes, brisant avec fracas.

On ne s'en mit pas moins à l'œuvre, en organisant d'abord les chantiers. Ceux-ci furent placés dans l'île de Bréhat, située à 5 lieues environ du rocher. Outre que cette île présente plusieurs havres d'échouage parfaitement abrités, les courants la placent dans des conditions toutes particulières à l'égard du rocher des Héaux : le jusant porte de l'île au rocher et le flot ramène du rocher à l'île ; et c'est justement à mer basse que devaient s'opérer les débarquements. Enfin l'île présentait toutes les ressources désirables pour le logement et la nourriture des nombreux ouvriers qu'exigeait un travail aussi considérable.

Une jetée en pierres sèches de 50 mètres de longueur fut construite dans l'un des havres, celui de la Corderie, ouvert précisément en face des Héaux, pour faciliter les embarquements et les débarquements, qui allaient être fréquents. Indépendamment des bâtiments qui transportaient sur le rocher les matériaux préparés dans l'île, un plus grand nombre encore était employé à amener à Bréhat les matériaux bruts, qui étaient tirés de tous lieux. Ainsi le granite venait de l'Ile-Grande, îlot situé à 10 lieues à l'ouest ; la chaux, du bassin de la Loire ; c'est Saint-Malo qui envoyait les bois : enfin, les puits de l'île ne fournissant point assez d'eau pour les mortiers et le surcroît de la population, on était obligé d'en tirer, ainsi que des vivres, du continent.

Une soixantaine d'ouvriers avaient paru suffisants pour le travail à exécuter sur le rocher. Il fallait qu'ils y fussent logés, car la navigation était trop incertaine et le temps pendant lequel les bâtiments pouvaient stationner trop court pour que l'on pût songer à les renvoyer chaque jour à terre. Heureusement, à très-peu de distance de l'emplacement choisi pour la construction, se trouvaient deux aiguilles assez rapprochées l'une de l'autre et assez élevées pour demeurer constamment au-dessus du niveau de la mer. L'intervalle qui les séparait fut comblé partie en pierres sèches, partie en maçonnerie, jusqu'à 4 mètres au-dessus du niveau des plus hautes mers ; l'on obtint ainsi une plate-forme

Fig. 26. — Construction du phare des Héaux de Bréhat.

assez durable, moyennant réparations, pour l'usage
que l'on voulait en faire. Les logements et une tour
en charpente destinée à soutenir un phare provisoire y furent installés. L'espace à partager n'était
pas grand, comme on pense. Dans la tour, outre le
magasin et le logement des gardiens, fut placée la
chambre de l'ingénieur : sa tente de bivouac, à
droite, en faisant sauter le rocher; on put conquérir
une chambre fort longue mais non moins étroite
pour les conducteurs ; à gauche, en avant, la cuisine
et le garde-manger ; sur le côté, le réfectoire des
ouvriers; dans le fond, leur chambre, qui était bien
remplie. Des lits aussi rapprochés que possible en
faisaient le tour sur deux rangs dans la hauteur.
Une troisième rangée était établie dans le réfectoire,
au-dessus de la table. Enfin, à gauche, sur une an-
fractuosité de rocher, on avait trouvé moyen de
construire une petite forge, qui n'avait qu'un défaut,
c'est qu'il était souvent impossible de s'y tenir pendant la haute mer.

On avait d'abord autorisé chaque ouvrier à se
nourrir à sa guise ; mais, quelques cas de scorbut
s'étant déclarés, l'ingénieur sentit la nécessité d'imposer à son monde une nourriture convenable. Il
institua dans ce but une cantine astreinte à se tenir
fournie de vivres pour six semaines au moins, dans
la prévision des mauvais temps qui coupent toute
communication avec la terre, et les ouvriers furent
assujettis à y prendre pension. D'autres mesures
d'hygiène furent encore prises. Tous les matins,
les hamacs étaient exposés en plein air ; chaque

semaine, les logements étaient blanchis à la chaux, et chaque semaine aussi on se baignait. Grâce à ces précautions, la terrible maladie qui s'était fait craindre disparut, et l'état sanitaire de tant d'hommes accumulés demeura constamment satisfaisant.

Chaque jour, dès que la mer s'était retirée, les ouvriers se rendaient au travail, et les heures des repas étaient combinées de manière qu'ils ne fussent point distraits pendant toute la marée. Au moment où la mer, en remontant, allait les forcer à se retirer, une cloche donnait le signal. On se hâtait de couvrir avec du ciment (ciment qui jouit de la propriété de durcir instantanément) les portions de maçonnerie qui venaient d'être terminées, et l'on courait se réfugier dans les logements. Il arrivait cependant que la mer s'élevait parfois avec une rapidité inusitée ; malheur alors aux retardataires ! car ils n'avaient d'autre ressource que de se jeter bien vite à l'eau avant que la profondeur fût devenue dangereuse : c'était un divertissement de tous les jours, le seul sans doute. Grâce à ces mesures d'ordre et de surveillance, on n'eut à regretter la perte d'aucun des membres de la laborieuse petite colonie, bien qu'il se soit perdu, pendant la durée des travaux, plusieurs bâtiments, et plus malheureusement encore plusieurs visiteurs.

Mais disons quelques mots du travail même.

La principale difficulté de l'opération consistait dans l'érection du massif plein, autrement dit de la partie sous-marine de la construction. Une fois au niveau des hautes mers, les opérations devenaient non-seulement plus commodes, mais elles se trouvaient affranchies des chances les plus critiques. Désormais on n'avait plus affaire à la mer que pour la question du débarquement, et l'on bâtissait en quelque sorte sur une île. Mais tout dépendait de cette île artificielle. C'est donc là qu'on avait dû réunir toutes les précautions.

Le roc sur lequel repose la construction est formé par un porphyre noir extrêmement dur et résistant. Néanmoins, comme il présentait en quelques endroits des fissures, on commença par se débarrasser de toutes les parties superficielles, afin de prendre une base parfaitement saine ; et comme il importait en même temps que le pied de la construction ne pût jamais être déchaussé, M. Reynaud adopta les mesures nécessaires pour qu'il fût complétement enfoncé dans le corps du rocher. Dans ce but, une surface annulaire de $11^m,70$ de diamètre, destinée à supporter la maçonnerie en pierre de taille, fut entaillée au pic dans le porphyre, sur un demi-mètre environ de profondeur, et dressée avec la dernière exactitude ; travail d'une excessive difficulté à cause de la dureté de la roche, mais fondamental pour l'avenir. C'est dans cette rainure, ainsi protégée par toute la masse du porphyre, qu'ont été déposées les premières assises. Quant à la partie du rocher correspondant au vide intérieur de la tour, rien n'obligeant à de tels soins à son égard, elle est demeurée à l'état brut, et l'on s'est contenté de la recouvrir de béton.

Dans un but de stabilité qui est devenu pour l'ingénieur un principe d'élégance, l'édifice, qui a 47^m,40 de hauteur, a été partagé en deux parties principales. La première, concave à sa base, est en maçonnerie pleine jusqu'à un mètre au-dessus du niveau des plus hautes mers : elle a 15^m,70 de diamètre à son pied, et 8^m,60 à son sommet. La seconde, reposant sur cette base considérée comme inébranlable, présente le degré de légèreté qu'il eût paru convenable d'assigner à une tour de même hauteur destinée à être exécutée sur le continent. L'épaisseur du mur est de 1^m,50 dans le bas et de 0^m,85 dans le haut.

Quant aux méthodes adoptées par l'architecte, il ne nous paraît pas utile de les reproduire : ces détails n'intéresseraient qu'un trop petit nombre de nos lecteurs. Nous ne saurions toutefois passer sous silence une hardiesse qui fait honneur à M. Reynaud : c'est d'avoir démontré, contre l'idée généralement répandue, qu'il n'était pas nécessaire, dans les ouvrages de ce genre, de rendre toutes les pierres solidaires, sous prétexte que la mer peut les entraîner, pendant ou après l'exécution des travaux. Ainsi, dans les phares d'Eddystone et de Bell-Rock, toutes les pierres des assises inférieures s'enchevêtrent suivant des dessins compliqués, et sont maintenues par de nombreux goujons en fer et en bois. « Ces dispositions, remarque M. Reynaud, ne sont pas assurément sans efficacité ; mais il est fort douteux qu'elles soient suffisamment motivées. Peut-être même présentent-elles plus d'inconvénient que d'avantages, car, outre les dépenses qu'elles exigent, elles apportent de fâcheux retards dans l'exécution de travaux qu'il y a grand intérêt à élever le plus rapidement possible au-dessus du niveau de la mer[1]. »

Le constructeur du phare des Héaux n'a donc pas fixé chaque pierre en particulier ; il s'est borné à arrêter par quelques points la masse totale que l'on supposait pouvoir mettre en place pendant chaque marée. En conséquence, chaque assise fut divisée, dans cette intention, en un certain nombre de portions, douze pour les assises du bas, huit pour celles du haut. Toutes les pierres de ces grands claveaux s'appuyaient les unes sur les autres au moyen de tailles saillantes et rentrantes, et, de plus, celles des angles étaient fixées sur l'assise inférieure par des dés de granit. L'expérience a montré que cette disposition si simple était suffisante : aucune avarie n'est venue la contrarier ou en démentir le principe.

Tels sont les moyens à l'aide desquels s'est élevé ce bel édifice des Héaux de Bréhat que l'on peut dire sans égal. Il s'en faut que ses ancêtres d'Eddystone et de Bell-Rock soient dans des proportions aussi monumentales. M. Reynaud y a consacré six ans. La première année a été employée à l'étude des localités et à la rédaction des projets ; la seconde, à l'établissement des logements et de la rainure des roches ; la troisième, à la construction du massif plein ; pendant la quatrième, la tour s'est élevée à la première galerie ; pendant la cinquième, un peu

_____
[1] Mémoire sur les phares.

au-dessous du couronnement ; enfin, en 1839, on a pu poser la lanterne. Le monument porte cette inscription : *Cet édifice, commencé en 1836, a été terminé en 1839, Louis-Philippe régnant.*

Si rapide et si heureuse qu'ait été cette érection, elle fut cependant marquée par quelques accidents. Au commencement de la campagne de 1836, « toutes les machines étaient en place, dit l'un des rédacteurs du *Magasin pittoresque*, auquel on doit une solide notice sur ce phare, et l'on se préparait à poser la première pierre, quand tout fut enlevé par un coup de mer extraordinaire. Nous avons entendu raconter à l'ingénieur le chagrin cruel qu'il éprouva lorsqu'en arrivant au rocher dont il s'était trouvé séparé pendant trois jours par la tempête, il aperçut tous ses travaux balayés, la plupart de ses ouvriers blessés, tous démoralisés, et au milieu de tout cela, les marins, qui n'avaient jamais voulu croire à la possibilité de la construction, souriant. Il ne perdit pas courage et sut relever l'ardeur de ses hommes en même temps que ses appareils[1]. » Une chèvre fut placée sur un rocher à pic, au pied duquel pouvaient arriver les bagarres, et l'on transporta les matériaux à l'aide d'un chemin de fer jeté sur le précipice qui séparait ce débarcadère naturel de l'emplacement de la tour.

---

[1] Dès la quatrième année de sa campagne, M. Reynaud obtint un commencement de récompense ; il fut appelé par le suffrage unanime des professeurs à la chaire d'architecture de l'École polytechnique. Il a été nommé depuis lors ingénieur en chef ; il est aujourd'hui inspecteur général des ponts et chaussées, directeur du service des phares et balises, etc.

Seul, au milieu de l'Océan, le phare des Héaux de Bréhat acquiert, par cet isolement même, un caractère de grandeur sévère qui impressionne profondément le voyageur. « Il a, dit Michelet, la simplicité sublime d'une gigantesque plante de mer. » Énorme, immobile, silencieux, il semble en effet une sorte de défi jeté au démon des tempêtes par le génie de l'homme. « Parfois, dit à son tour M. de Quatrefages, on dirait que, sensibles à l'outrage, le ciel et la mer se liguent contre l'ennemi qui les brave par son impassibilité. Les vents impétueux du nord-ouest rugissent autour du fanal et lancent contre ses solides vitraux des torrents de pluie, des tourbillons de grêle et de neige. Sous l'impulsion de leur souffle irrésistible arrivent du large des lames gigantesques, dont le sommet atteint quelquefois jusqu'à la première galerie; mais ces masses fluides glissent sur les surfaces rondes et polies du granite, qui ne leur laissent aucune prise : elles passent en lançant jusque par-dessus la coupole de longues fusées d'écume, et vont déferler en mugissant sur les roches de Stallio-Bras ou sur les galets du Sillon. Le phare supporte ces terribles assauts sans en être ébranlé. Cependant il s'incline comme pour rendre hommage à la puissance de ses adversaires. Les gardiens m'ont assuré que, lors d'une violente tempête, les vases à huile, placés dans une des chambres les plus élevées, présentent une variation de niveau de plus d'un pouce, ce qui suppose que le sommet de la tour décrit un arc de près d'un mètre d'étendue. Au reste, cette flexibilité même semble être un gage de durée. Du moins on la retrouve dans plusieurs monuments qui bravent depuis des siècles les intempéries des saisons. La flèche de Strasbourg, en particulier, courbe sous le souffle des vents ses longues ogives, ses sveltes colonnettes, et balance sa croix à quatre pointes, élevée à 440 pieds au-dessus du sol. »

Les gardiens du phare des Héaux n'ont point trompé le savant M. de Quatrefages. Des observations faites dans d'autres phares construits en pleine mer confirment ce qu'ils lui ont dit. Il suffit que la hauteur de ces monuments atteigne 40 mètres pour que ces balancements deviennent assez sensibles pour déverser les liquides contenus dans les vases, faire battre contre les parois des tuyaux de descente les poids moteurs des mécanismes et donner enfin aux visiteurs une idée de ce qu'est le balancement d'un navire. Les tours bâties de la sorte sont des sortes de joncs de pierre, le vent les incline; mais la bourrasque passée, ils se relèvent, tout comme de simples roseaux.

IV

LA GRANDE BARGE D'OLONNE

— 1861 —

Ne quittons pas la série des phares construits en
mer, sans parler de celui de la grande Barge d'O-
lonne. Situé sur un roc à une distance de 6 kilomètres de la côte, dans une situation défendue par
des obstacles de toute nature, où les courants sont
très-violents, et où les tempêtes secouent la mer de
façon à rendre dérisoires toutes les méthodes
connues de construction, ce phare fait le plus grand
honneur à ses architectes. Sa fondation est presque
entièrement submergée, et durant la haute mer les
vagues jaillissent à une hauteur de 30 mètres.
L'œuvre fut entreprise en 1857 et achevée en 1861,
et telles furent les difficultés opposées par la nature
des lieux, que durant cette période on ne put consacrer que mille neuf cent soixante heures à un travail suivi, temps qui suffit d'ailleurs, tant sont
devenus familiers les principes des constructions à
la mer, ou, ce qui est plus juste, tant sont sûrs
d'eux-mêmes les ingénieurs qui les entreprennent.

11

V

PHARES DE WALDE, DE L'ENFANT PERDU ET DE LA NOUVELLE-CALÉDONIE.

— 1859-1865-1868 —

Nous avons parlé du patriarche des phares français : la vénérable tour de Cordouan. Il serait injuste d'oublier le cadet de la famille, celui de la Nouvelle-Calédonie. Indépendamment des services qu'il rend dans les parages qu'il illumine, son édifice a une physionomie particulière : il est en fer, et les constructions de cette espèce sont assez peu communes pour qu'on leur consacre quelques lignes.

Le fer ne convient pas aussi bien que la pierre à la construction des phares ; il n'assure pas autant de durée, il exige plus de dépenses, d'entretien, et il ne constitue pas un abri aussi efficace contre les variations thermométriques de l'atmosphère. Cependant il est des circonstances où il convient d'y avoir recours. Il a donné lieu à divers systèmes de con-

Fig. 27. — Phare de l'Enfant-Perdu (Guyane).

struction. L'un d'eux, imaginé par M. Mitchell, a reçu
de nombreuses applications en Angleterre, et a été
adopté en France pour le phare de Walde récemment
allumé (1859) dans le nord de Calais, sur une plage
de sable fort avancée en mer, à la laisse des basses
mers de vives eaux, ainsi que pour le feu placé sur
le roc de l'Enfant-Perdu (côte de la Guyane). Il consiste en pieux en fer qui sont munis de vis en fonte
à leur partie inférieure, maintenus par des entretoises et des croix de Saint-André, et surmontés à
une distance convenable du niveau de la mer, d'un
plancher sur lequel s'établit le logement des gardiens. La lanterne couronne cet échafaudage.

Puisque nous parlons de ce phare de l'Enfant-
Perdu, disons quelle rude tâche a été son érection.
« Plus d'une fois, écrivait M. Vivian, conducteur des
ponts et chaussées à Cayenne, il a fallu, pour établir un va-et-vient de débarquement, que des hommes robustes et courageux se missent résolûment
à la mer et portassent une amarre à la nage. Le
risque d'être brisé sur les rochers n'était pas le
moindre, car, comme à la barre du Sénégal, les
squales abondent dans ces parages. Le ressac et les
remous rendaient la navigation très-pénible; plus
d'un de nos hommes en est sorti blessé, et l'on peut
dire que tous ont joué leur vie. »

Cependant ici, comme ailleurs, la résolution,
l'industrie et la persévérance ont triomphé des
obstacles.

L'ossature du phare de la Nouvelle-Calédonie
dont on a pu voir, à l'Exposition universelle, le

pareil destiné aux Roches-Douvres, est faite de seize montants, composés chacun de quatorze panneaux. Chaque panneau est formé de fers à simple T assemblés, consolidés et rivés de manière à être parfaitement solidaires; but qui se trouve atteint, car les oscillations auxquelles sont soumis les phares en maçonnerie se remarquent à peine dans celui-ci. Ces panneaux sont boulonnés les uns sur les autres, et des entretoises appliquées tant au dedans qu'au dehors et également boulonnées, maintiennent les montants dans leurs positions. Enfin, sur ces dernières entretoises et sur les faces intérieures des montants, s'appuient les feuilles de tôle constituant l'enveloppe, dont les joints sont couverts par des plates-bandes en fer, fixées par des boulons.

La hauteur du phare néo-calédonien est de 45 mètres, ou 55 mètres si on mesure la tour de sa base à la pointe du paratonnerre. Son appareil est de premier ordre, lenticulaire, à feu fixe blanc, dont la portée est de 22 milles. L'endroit sur lequel il s'élève est un îlot de sable, tel que les coraux en forment un si grand nombre et de si dangereux dans les mers océaniennes, et situé en pleine mer, dans le sud-ouest de Nouméa.

Construit à Paris et transporté par pièces aux antipodes, le phare de la Nouvelle-Calédonie a été inauguré le 15 novembre 1865, avec tout le cérémonial que comportait un acte aussi important. Après la bénédiction du monument par le clergé de Nouméa, M. le commandant Guillain a prononcé un

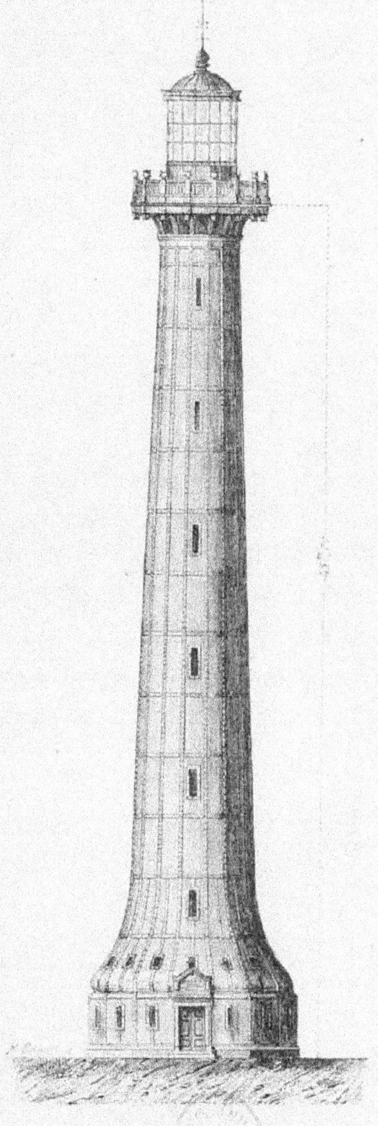

Fig. 28. — Phare de la Nouvelle-Calédonie.

discours dans lequel nous relevons ces mots : « Si, nous transportant par la pensée dans les diverses parties du monde civilisé, nous examinons ce qui s'y passe, le plus magnifique tableau se déroule à nos yeux. Partout, et ce sera la gloire de notre époque, partout de grands travaux s'exécutent pour rapprocher les peuples, multiplier les relations, préparer, en un mot, cette association universelle, destinée, réservée par la Providence aux générations futures! » Les sauvages, attirés par l'éclat de la fête et mêlés à nos marins, à nos soldats et à nos colons, ont-ils compris cette grave et belle parole? Nous ne le croyons pas. Mais le temps, qui marche pour eux comme pour nous, le temps qui a déjà détruit chez eux l'horrible et séculaire coutume de l'anthropophagie, la leur expliquera un jour. Et cette époque n'est pas loin, car où brille un phare, les voiles blanchissent l'horizon, poussées par le vent puissant de la civilisation !

V

LES AUXILIAIRES DES PHARES

LES FEUX FLOTTANTS

Aux monuments que nous avons décrits ne s'arrête pas la liste des édifices qui servent à soutenir des lanternes. Il y a telles parties des côtes qui se refusent absolument à l'établissement de constructions en fer ou en maçonnerie, et qu'il est pourtant nécessaire d'éclairer. En Angleterre surtout ces points sont nombreux. Nous citerons entre autres, sur les côtes de Kent, ce qu'on appelle les sables de Goodwin, sables qu'a rendus célèbres leur funeste propriété de dévorer les navires. On avait depuis longtemps renoncé à éclairer leurs dangereux abords, lorsque l'idée vint de remplacer ces constructions par des bateaux, sur lesquels on mit un fanal. D'après M. Esquiros, cette idée appartiendrait à un nommé Robert Hamblin, qui vivait au siècle dernier.

Ancien barbier de Lynn, Hamblin avait épousé,

dans cette ville la fille d'un patron de navire,
et, à la suite de cette union, était devenu maître
d'équipage. Il s'occupait de transports de charbon de terre sur les côtes, et par cela même
était mieux que personne apte à juger de l'insuffisance de leur éclairage, quand le hasard le mit
en rapport avec un homme à grands projets et
assez pauvre, David Avery. Agissant de concert, ils
établirent à Nore (embouchure de la Tamise), une
lumière flottante à bord d'un vaisseau, puis ils
prirent sur eux de lever des droits destinés à entretenir ce fanal d'un nouveau genre.

Cette dernière circonstance parut à la Trinity-
House une infraction d'autant plus inquiétante à ses
priviléges, que le vaisseau-lumière, *light-vessel*, avait
réussi et était fort approuvé de la navigation. Encou-
ragé par ce succès, David Avery, qui semble avoir
joué le principal rôle dans l'exécution du projet,
annonça hautement l'intention d'ériger un navire
tout semblable dans les eaux des iles Scilly. Les
membres de la Trinity-House, en leur qualité de gardiens de la navigation, portèrent plainte devant les
lords de l'amirauté, qui ne purent ou ne voulurent
point agir. La Société maritime alors s'adressa au roi
et lui représenta combien il était illégal qu'un particulier frappât un impôt sur la marine marchande.
Elle fit si bien, que le 4 mai 1732 le feu de Nore
fut interdit. Avery, dont les projets de fortune se
trouvaient renversés par ce coup de foudre, se pré-
senta devant la compagnie et proposa de traiter avec
elle en ce qui regardait la lumière du Nore-Sand.

Il prétendit avoir déboursé 2,000 livres sterling (50,000 fr.). On capitula : le brevet et la propriété du fanal passèrent à perpétuité dans les mains de la Trinity-House; mais Avery obtint d'en retenir le bail durant soixante et un ans, à la condition de payer annuellement 100 livres sterling (2,500 fr.)

Telle est l'origine des lumières flottantes.

Quoique cette histoire soit fort ancienne, ses héros, Hamblin et Avery sont peu vénérés parmi les membres de la Trinity-House. Pourquoi? car l'invention était vraiment utile, et la preuve, c'est qu'elle a survécu. On prétend, il est vrai, que cette même idée avait été proposée cinquante ans auparavant par sir John Clayton. Toujours est-il que la maison de la Trinité avait repoussé le projet, tandis que les deux aventuriers, si l'on tient à les appeler ainsi, eurent du moins l'honneur et le mérite de le mettre à exécution.

Le *light-vessel* ne sert pas seulement à indiquer un banc de sable; on l'emploie aussi à mettre en garde les matelots contre des courants perfides, des tourbillons sous-marins ou des écueils sournoisement cachés à certaines heures par les grandes eaux. C'est surtout à cette dernière intention que répond la lumière flottante mouillée en 1841 aux îles Scilly. Voici le croquis qu'en a tracé M. Esquiros.

« A première vue et de loin, dit l'éminent écrivain, un *light-vessel* ressemble beaucoup pendant la journée à un vaisseau ordinaire. Si l'on y regarde de plus près, on trouve entre eux une bien grande différence. Le vaisseau-lumière flotte, mais il ne re-

mue point : ses mâts épais et courts sont dénués de
voiles et couronnés de grosses boules. Les autres
navires représentent le mouvement, celui-ci représente l'immobilité. Ce qu'on demande d'ordinaire à
un bâtiment est d'être sensible au vent, à la mer ;
ce qu'on exige du *light-ship* est de résister aux éléments. Qu'arriverait-il en effet si, chassé par la
tempête, il venait à dériver ? Pareil à un météore, ce
fanal errant tromperait les pilotes au lieu de les
avertir. Un navire qui ne navigue point, un vaisseau-
borne, tel est donc l'idéal que se propose le constructeur d'un *light-vessel*, et cet idéal a naturellement
exercé dans plus d'un sens l'imagination des architectes nautiques. Les formes varient selon les localités : la coque du navire est plus allongée en
Irlande qu'en Angleterre ; mais dans tous les cas,
on s'est proposé le même but, la résistance à
la force des vents et des vagues. On a voulu que par
les plus violentes marées, au milieu des eaux les
plus bouleversées et dans les situations les plus ex-
posées à la puissance des courants, il chassât sur
son ancre en s'agitant le moins possible. Pour qu'il
restât par tous les temps dans la même situation
maritime, il a été nécessaire de l'attacher. Galérien
rivé à une chaîne et à des câbles de fer, il ne peut
s'éloigner ni à droite ni à gauche. L'étendue de cette
chaîne varie selon les localités : aux Seven-Stones,
où le vaisseau repose sur 240 pieds d'eau, elle
mesure un quart de mille de longueur. On y a
depuis quelques années ajouté des entraves qui sub-
juguent les mouvements du navire, et encore a-t-on

obtenu que, tout esclave qu'il fût, il pesât le moins
possible sur les amarres. Il y a très-peu d'exemples
d'un *light-vessel* ayant rompu ses liens, et il n'y en
a point jusqu'ici qui ait fait naufrage. On n'a jamais
vu non plus les marins de l'équipage changer volon-
tairement de position, quelle que fût la fureur de la

Fig. 29. — Bateau-phare.

tempête. Si pourtant le vaisseau se trouve déplacé
par l'irrésistible force des éléments, au point que sa
lumière puisse devenir une source d'erreurs pour la
navigation, on arbore un signal de couleur rouge ;
on tire le canon, et généralement il se trouve bientôt
réintégré dans sa situation normale. Le danger de
dériver et la présence d'esprit qu'exigent en pareil

cas les différentes manœuvres proclament néanmoins assez haut le courage des hommes qui vivent toute l'année sous une pareille menace. Comme il faut d'ailleurs tout prévoir, un vaisseau de rechange, *spare-vessel*, se tient prêt dans les quartiers généraux du district à n'importe quelle éventualité ; grâce aux télégraphes établis sur les côtes, la nouvelle est bientôt connue, et souvent, avant le coucher du soleil, le bâtiment de réserve, remorqué à toute vapeur, occupe déjà la place du navire forcé et arraché par la tourmente. Les *lights-vessels* de la Trinity-House sont peints en rouge, ceux d'Irlande sont noirs. On a reconnu que le rouge et le noir étaient les deux couleurs qui contrastaient le mieux avec la nuance générale de la mer. Sur les flancs du vaisseau est écrit son nom en grosses lettres. Un drapeau portant la croix écartelée de quatre navires flotte contrarié et tordu par la brise : ce sont les armes de la maison de la Trinité. »

Les feux flottants du Royaume-Uni sont au nombre de quarante-sept aujourd'hui. Tous ont été soumis à la loi qui donne à chaque phare du continent une physionomie qui lui soit bien propre, et permette au navigateur de le reconnaître et de suivre ses silencieux et pourtant éloquents conseils. Ainsi les uns sont à un feu, à deux feux, à trois feux ; ceux-ci sont fixes, les autres tournent, ou sont colorés, etc. La construction et l'équipement d'un de ces vaisseaux coûtent de 90,550 fr. à 155,600 fr. L'entretien de chaque bâtiment en comptant la consommation de l'huile, le salaire, l'habillement et la nourriture des hommes, entraîne pour la Trinity-House une dépense annuelle de 27,575 fr.

Après la carte des phares anglais, celle qui nous montre le plus grand nombre de feux flottants est celle des Etas-Unis. Elle en compte un nombre égal à celui de la carte anglaise. Mais jusque dans ces derniers temps, ils étaient restés dans un assez triste état. On a copié depuis et peut-être amélioré le système suivi en Angleterre. Les navires américains sont peints en bandes longitudinales de couleurs variées ; il paraît qu'ils quittent souvent leur poste et rentrent au port dans les gros temps.

La France, dont les côtes n'ont pas les mêmes exigences que les côtes anglaises et américaines, a moins de feux flottants que ses rivales. Nous n'en comptons que cinq dont le tonnage varie entre 70 et 550 tonneaux. Nous en aurions un de plus si celui de Rochebonne (à l'entrée du golfe de Gascogne), avait pu se maintenir sur ce plateau ; mais jusqu'à présent il n'a pas été possible de l'y fixer. « C'est partie remise, » nous disait à ce propos l'un des excellents ingénieurs qui sont chargés de l'éclairage de nos côtes. Cet ingénieur ne doute de rien. Il a raison.

Disons un mot des gardiens.

En Angleterre (c'est M. Esquiros qui parle), « l'équipage d'un *light-vessel* se compose d'un maître ou capitaine, *master*, d'un aide, *mate*, et de neuf hommes. Parmi ces neuf hommes, trois sont chargés du service des lampes, tandis que les six autres, parmi lesquels est un habile charpentier, entretiennent l'ordre et la propreté dans le vaisseau-

fanal. Il ne faudrait d'ailleurs point s'attendre à
trouver l'équipage au complet ; deux tiers seulement
des marins sont à bord, tandis que leurs camarades
vivent pour un temps sur le rivage. L'expérience a
démontré que le séjour perpétuel sur un tel vaisseau
était au-dessus des forces morales et physiques de
la nature humaine. L'écrasante monotonie des
mêmes scènes, la vue des mêmes eaux toutes blanches d'écume aussi loin que s'étend le regard,
le bruit du sifflement éternel de la brise et le
tonnerre des vagues, si retentissant que parfois les
hommes ne s'entendent point parler entre eux, tout
cela doit exercer sur l'esprit une influence sinistre…
Si quelque chose étonne, c'est qu'il se rencontre des
hommes pour braver une existence entourée de
conditions si sévères ; les Anglais eux-mêmes ont
rangé les équipages des *light-vessels* parmi « les cu-
riosités de la civilisation. »

« Afin d'adoucir néanmoins les rigueurs d'une
profession si étrange, on a décidé que les marins
passeraient deux mois sur le vaisseau et un mois à
terre. Le capitaine et l'aide alternent de mois en
mois entre la mer et le rivage. Encore faut-il que
l'Océan permette aux hommes de se relever ainsi
à tour de rôle : tel n'est pas toujours son bon plaisir.
Il arrive assez souvent pendant l'hiver que la tempête et la marée s'opposent à toute espèce de débarquement et que des semaines s'écoulent sans que
les communications puissent être rétablies entre le
light-ship et les îles Scilly. Les marins à terre sont
occupés par l'administration à nettoyer les chaînes,

à peindre les bouées, à remplir d'huile les canules,
oil tins, ou à d'autres ouvrages du même genre.
Ceux des Seven-Stones demeurent alors à Tresco.
Une observation assez intéressante pour quiconque
s'occupe de la physiologie des songes m'a été com-
muniquée par un de ces derniers : tout le temps,
me disait-il, qu'il était sur terre, il rêvait de la mer :
tout le temps qu'il était en mer, il rêvait de la terre.

« A bord, j'admirai la belle tenue des hommes et
du vaisseau. Combien leur visage, halé par la brise
de mer, respirait un air de franchise et d'assurance !
Assez contents de leur sort, ils se plaignent seulement de la quantité et de la qualité des vivres.
La ration de pain (7 livres par semaine) n'est point
selon eux, suffisante pour des hommes en bonne
santé (*hearty men*), et j'avoue par expérience que
l'air vif auquel ils sont exposés est bien fait pour aiguiser l'appétit. Quand ils sont en mer, la nourriture leur est fournie par Trinity-House ; à terre, ils
reçoivent 1 shilling 5 deniers par jour (1 fr. 50)
au lieu de provisions. L'un des deux marins qui se
trouvent en même temps à bord chargés du soin des
lampes, *lamp trimmers* (le troisième est à terre),
remplit pendant un mois les fonctions de cuisinier.
Autrefois, s'il faut en croire la rumeur publique, des
équipages de *light-vessel*, isolés par de continuelles tempêtes qui rendaient la mer impraticable,
auraient été réduits à la cruelle nécessité de mourir
de faim[1]. Aujourd'hui un bateau à vapeur ou un vais-

---

[1] Un romancier anglais, sir Lascelles Wraxall, a tiré de cette cir-

seau bon voilier fait assez régulièrement le service tous les mois. Par les mauvais temps les communications ne se trouvent, en tout cas, jamais suspendues pendant plus de six semaines, et les équipages ont des provisions qui leur permettraient au besoin d'attendre au delà de ce terme. »

Les lanternes dans lesquelles se trouvent fixées les lampes entourent le mât ; on les descend pendant la journée sur le pont pour les nettoyer et les alimenter d'huile ; la nuit on élève, au moyen d'une corde, cette couronne de lumières. Le vaisseau est en outre pourvu de canons et d'un *gong*. Malheureusement, les navires étrangers ne comprennent point toujours ces signaux. « Les marins du *light-vessel* de Scilly, ajoute M. Esquiros, n'ont vu que deux naufrages contre le récif : dans le premier cas, ils sauvèrent un homme ; dans le second, tous les passagers, à l'exception de la femme d'un missionnaire. Le sauvetage n'entre pourtant point dans leur service, et l'administration admire sans les encourager de tels actes d'héroïsme. Leur devoir est de veiller sur la lumière, et c'est à elle seule qu'ils ont juré de se dévouer. La discipline est sévère, et nul homme ne doit quitter son poste sous quelque prétexte que ce soit. Un marin, ayant appris en 1854 la mort de sa femme, déserta le vaisseau-fanal pour se rendre à Londres, où devait avoir lieu l'enterrement. Il fut réprimandé ; mais, en considération du motif pour lequel il s'était absenté, on voulut bien

constance le sujet d'un épisode émouvant dans *Fifes and drums* (*Tambours et Trompettes*).

ne pas le frapper de destitution. Le *light-ship* des Seven-Stones est le plus exposé et le plus menacé de tous les vaisseaux de la côte; le capitaine le considère néanmoins comme chassant plus aisément sur ses ancres dans ces mers à longues lames que d'autres navires du même genre amarrés dans des mers à lames plus courtes. A l'entendre, cet intrépide bâtiment « est toujours prêt pour la tourmente. » Et pourtant le pont est quelquefois balayé par les vagues, et quand la mer le frappe par le haut-bord, on croirait entendre « décharger une pièce de quatre. »

« La vie des hommes de l'équipage est à peu près la même sur tous les *light-vessels*. Le dimanche, au lever du soleil, on abaisse la lanterne; l'allumeur (*lamp-lighter*) nettoie et prépare les lampes pour le soir. A huit heures, tout le monde doit être levé; on suspend les hamacs et l'on sert le déjeuner. Après cela, les marins font leur toilette et revêtent leur uniforme, dont ils sont fiers, car sur les boutons figurent les armes de la Trinity-House. A dix heures et demie, ils se rassemblent dans une cabine pour célébrer le service religieux. Au coucher du soleil, on hisse et arbore la lanterne allumée, véritable étendard du vaisseau, puis on se réunit encore pour prier Dieu et lire la Bible. A part les services du matin et du soir, les autres jours de la semaine ressemblent beaucoup au dimanche. Le mercredi et le vendredi sont les grandes fêtes du nettoyage; il faut alors que le vaisseau reluise de propreté. Surveiller et entretenir les appareils d'éclairage,

faire le guet sur le pont, noter sept fois toutes les
vingt-quatre heures les conditions du vent et de
l'atmosphère, s'assurer aux changements de lune
que les chaines du vaisseau sont en bon état, tel est
à peu près le cercle invariable des occupations. Ces
travaux laissent néanmoins des moments de loisir,
que l'on occupe par la lecture. Il y a toujours à bord
une bibliothèque, et les ouvrages circulent de
main en main. Qui ne plaindrait dans de pareilles
circonstances l'homme ne sachant ni lire ni écrire?
Telle est pourtant la condition de quelques-uns
d'entre ces marins à leur entrée dans le service ;
mais soit la force de l'exemple, soit le besoin de
tromper l'accablant ennui des heures désœuvrées,
il arrive assez souvent qu'aidés par les soins obli-
geants du capitaine ou du second maitre, ils réparent
plus ou moins ce défaut absolu d'éducation. Il en
est un, par exemple, qui s'est instruit lui-même
pour devenir aide à bord d'un vaisseau-fanal, et qui
est aujourd'hui l'un des meilleurs officiers de la
compagnie. Les marins se livrent en outre à toute
sorte d'ouvrages de patience et de fantaisie ; quelques-uns exercent un état tel que celui de cordon-
nier ou de menuisier... »

On remarque peu de différence entre le régime
auquel est soumis l'équipage des *light-vessels* anglais et celui des feux flottants des nations maritimes
qui les ont adoptés. Chez nous, ce personnel varie
avec la force du navire et les conditions dans lesquelles le bâtiment se trouve placé ; et on n'a rien
oublié de ce qui pouvait en rendre le séjour suppor-

table et même agréable. La disposition intérieure
d'un bateau-phare est celle-ci : à l'arrière est le salon, qu'accompagnent quatre cabines, l'une pour
le capitaine, une autre pour le second et deux pour
les ingénieurs et conducteurs, que diverses circonstances peuvent obliger à coucher à bord. A
l'avant est le poste de l'équipage, sur lequel s'ou-
vrent les cabines des matelots. Au centre sont distribués les divers magasins. Sur le pont, au pied du
mât qui porte la lanterne, est une cabane qui la
reçoit pendant tout le jour et permet de faire à couvert le service de l'appareil.

Les gardiens du bateau reçoivent une paye en
harmonie avec leur grade et leurs fonctions. Ils sont
presque tous mariés et pères de famille. A terre, ils
soignent volontiers un petit jardin paré de fleurs et
de légumes ; sur mer, ils ont le sentiment d'être
utiles, et cette conviction n'est point étrangère à
l'espèce de courage stoïque avec lequel ils supportent la solitude de l'Océan. « Leur destinée, dit avec
raison M. Esquiros, ressemble à celle du vaisseau
qu'ils habitent durant la plus grande partie de l'an
née ; enchaîné, obligé de résister aux tentations de
la vague et de la brise, mordant en quelque sorte
son frein, il souffre, mais il éclaire ! »

LES AMERS, LES BALISES, ETC.

D'autres ouvrages, moins apparents, plus modestes que les phares et fanaux, mais encore bien utiles, complètent l'ensemble des signaux qui avertissent les navigateurs. Ils se présentent sous des formes variées et portent différents noms, suivant le but qu'ils atteignent et la disposition qu'ils affectent.

Voici d'abord les *amers*. On désigne sous ce nom, en termes de marine, tout objet terrestre sur lequel le marin peut prendre un repère ou un alignement. Ainsi les clochers, les moulins à vent, de grands arbres, quelquefois des rochers de forme caractéristique, servent à cet usage. Des pics isolés, comme l'île de Ténériffe, des volcans qui se couvrent d'un panache de fumée, comme il s'en trouve en certaines parties du globe, sont des amers gigantesques au vu desquels le navigateur rectifie sa position géographique.

Parmi ces derniers amers, quelques-uns sont célèbres, plus célèbres même que beaucoup de phares. Telles sont les colonnes d'Hercule, anciennement désignées sous le nom de colonnes de Saturne, de Briarée, et la fameuse colonne de Pompée, près d'Alexandrie. Il manque toutefois une chose à la gloire de celles d'Hercule, c'est peut-être d'avoir existé. Hésychius en admet pourtant trois ou quatre, et, suivant Édrisi, il y en avait six qui étaient placées sur les bords de la mer; la plus orientale en Andalousie, à Gadès; les autres dans les îles de la mer Ténébreuse, aux Canaries, et faisant signe aux navigateurs de ne pas avancer plus loin. *Nec plus ultra*. Mais Strabon, en parlant de la fondation de Gadès par les Tyriens, émet des doutes à ce propos; et en ceci il ne nous paraît pas avoir tort. Nous croyons avec lui que ces fameuses colonnes d'Hercule n'ont pas existé ailleurs que dans l'imagination des écrivains de l'antiquité, souvent aussi épris de la fable que de la vérité.

Un monument également fameux et dont on ne saurait nier l'existence puisqu'il sert encore d'amer aujourd'hui, c'est la colonne d'Alexandrie. Cet édifice est le premier objet qui attire le regard lorsque le navire qui vous porte s'approche de la rive égyptienne; de loin il domine la ville, les minarets, les obélisques et le château du phare. Il est vrai qu'il ne mesure pas moins de 28^m,75, ce qui est quelque chose. On estime son poids à 550,492 kilogrammes.

Le moyen employé par les savants de l'expédition d'Égypte en 1798, pour monter sur la colonne afin d'en mesurer exactement la hauteur et les différents diamètres, est assez ingénieux. On éleva un cerf-volant, à l'attache duquel était suspendue une corde d'une longueur indéfinie. Lorsque le cerf-volant fut enlevé et passé par-dessus le chapiteau, la corde pendante fut saisie, le cerf-volant abattu et séparé de sa corde, qui se trouva ainsi passée au-dessus du chapiteau comme sur la circonférence d'une poulie : à cette première corde on en substitua une plus grosse, qui fut fixée par des piquets au pied de la colonne, et qui était assez forte pour qu'un enfant pût se hisser sur le chapiteau, et y préparer, par le moyen de cordages, un moufle propre à élever tour à tour plusieurs personnes assises sur un banc suspendu.

La colonne de Pompée est formée de quatre morceaux de granit rose. Le fût est la seule pièce des trois principales qui soient d'un goût pur, et par conséquent de la belle antiquité; le chapiteau et le piédestal, trop courts, ont évidemment été ajoutés après coup. Néanmoins, l'élévation donnée au socle de la base, la forme corinthienne du chapiteau, et l'isolement, contribuent puissamment à faire paraître la colonne plus légère et d'un élancement plus hardi que le dorique, qui est l'ordre du fût.

Suivant de nombreux passages des auteurs modernes, la colonne telle qu'on la voit aujourd'hui, n'aurait pas été érigée isolément. Dans ses notes sur la relation d'Abd-Allatif, Sylvestre de Sacy pré-

Fig. 30. — Colonne d......a Alexandrie, servant d'amer.

12.

tend que le monument avait été entouré d'un immense portique, d'où il avait pris le nom de Amoud el Saouary, *colonne des Piliers*, nom qu'on a corrompu et ridiculement transformé en *Pilier de Severus*. Le capitaine anglais G. H. Smyth pense à son tour que c'est la colonne dont parle Aphthonius, et de laquelle il dit, qu'elle « supportait les éléments de toutes choses, » expression qu'on n'eût pas appliquée à une colonne, mais plutôt à ce grand cercle de cuivre, dont Hipparque fait mention. De plus, Abd-Allatif dit positivement qu'il y a vu une coupole (environ vers l'an 1200 de J.-C.) Quelques-uns en ont inféré que cette colonne avait été destinée aux observations astronomiques, et placée au centre même de ce superbe carré du Serapeum, où probablement avait aussi été logée la fameuse bibliothèque.

Considérée comme monument isolé, cette colonne n'a pas donné lieu à moins de suppositions. Ainsi on a prétendu qu'elle avait été élevée par Cléopâtre à la mémoire de Pompée. Cependant aucun des auteurs qui ont décrit l'Égypte avec tant de soin, Pline, Diodore de Sicile, Strabon, ne font pas mention de ce monument, qu'ils n'eussent certainement pas oublié s'il eût existé de leur temps. Pococke suppose qu'il fut érigé en l'honneur de Titus ou d'Adrien. Aboul-Féda l'attribue à l'empereur Alexandre Sévère. Quoi qu'il en soit, s'il reste des doutes sur l'érection primitive du monument, on est du moins éclairé sur la dédicace qui en a été faite à une époque fixe de l'histoire. Pococke, en examinant

cette colonne et en relevant ses principales dimensions, avait remarqué, aux rayons du soleil, entre
onze heures et midi, la trace d'une inscription
grecque sur la plinthe de la base, du côté de l'ouest;
mais des lacunes nombreuses et l'indécision des
lettres avaient empêché d'en déterminer le sens.
Enfin plusieurs savants, tant anglais que français,
sont parvenus, à force de soin et d'attention, à relever l'inscription de manière à la rendre intelligible;
ils ont unanimement reconnu que cette colonne
avait été élevée à Dioclétien par un préfet de
l'Égypte, en reconnaissance des bienfaits de cet
empereur pour les habitants d'Alexandrie. En voici
la traduction donnée par Villoison :

A

DIOCLÉTIEN AUGUSTE

TRÈS-ADORABLE EMPEREUR

LA DIVINITÉ TUTÉLAIRE D'ALEXANDRIE

PO... (*POMPONIUS* OU *POMPÉE*), PRÉFET D'ÉGYPTE

CONSACRE CECI.

On remarque que les fondations de la colonne
ont été faites de la manière la plus grossière; des
blocs de pierre de toute espèce et de toute dimension y sont placés en désordre. Il faut dire qu'à
diverses époques, on a tenté des fouilles pour chercher dans ces fondations les trésors qu'on supposait
y être enfouis; c'est à ces travaux qu'il faut attribuer aussi l'inclinaison de la colonne; elle penche à
l'ouest d'environ 7 pouces. D'autres dégradations
ont été constatées ailleurs. Il y a une quarantaine
d'années, quelques touristes anglais ont inscrit leurs

noms ignorés avec du goudron et en lettres de
10 pieds de hauteur, vers le haut du fût de la
colonne.

« Écrivez, dit à ce propos et très-justement, le
Magasin pittoresque, écrivez, s'il vous plaît, votre
nom sur le rocher dans l'espoir que quelque jour
un ami viendra, s'arrêtera surpris et ému, et donnera des rêveries, des regrets, des larmes à votre
mémoire; mais ne portez votre main qu'avec plus
de choix et plus de discrétion sur les œuvres qui
consacrent de grands noms ou de grands souvenirs;
n'en troublez pas la majesté, n'en brisez par l'unité
d'impression, ne cherchez pas à y consacrer de
force votre individualité inconnue : respectez ceux
qui viendront après vous au même lieu élever leur
âme ; humiliez votre égoïsme devant les monuments
du génie, comme vous vous taisez dans le silence
du temple sous la pensée de Dieu! »

A mesure que l'humanité devint prévoyante, elle
multiplia ces marques précieuses qui pendant le
jour remplissent un rôle analogue à celui des
phares pendant la nuit. Si nous en croyons Coulier,
ce serait aux Étrusques que reviendrait l'invention
des amers, négligés après eux, mais réédifiés de
notre temps avec grand soin, et d'après un système
rationnel. A défaut de marques naturelles, on élève
aujourd'hui sur les côtes de petits monuments en
maçonnerie ou en charpente, suivant le lieu, et
que l'on peint en brun lorsqu'il se détache sur le
ciel, et d'une couleur claire s'il se projette sur
les terres. Veut-on signaler un écueil sous-marin

sur lequel les navires dépourvus d'un bon pilote courraient risque de se jeter, on y place une *balise*, sorte de pieu en bois ou en fer qui dépasse plus ou moins le niveau de la mer. Les unes sont surmontées de ballons, de tonnes, etc. D'autres sont formées par plusieurs branches de fer réunies à leur partie supérieure par des planches ou des lames de tôle, posées à claire-voie et terminées par un *voyant*.

Dans ces dernières années, on a construit sur un grand nombre d'écueils de notre littoral des balises d'une forme nouvelle. Ce sont de petites tourelles en maçonnerie qui s'élèvent d'environ 3 mètres au-dessus de l'eau. La plupart portent des poignées ainsi qu'une échelle de sauvetage, et sont entourées à leur partie supérieure par une balustrade en même matière. Quelques-unes offrent à leur sommet un petit réduit voûté.

Ces objets rendent de grands services lorsque le temps est clair. Ils deviennent malheureusement inutiles quand le brouillard embrume les côtes et même les abords du navire. Pour obvier à leur insuffisance on a imaginé des *flotteurs* armés de cloches qui sont mises en mouvement par les oscillations incessantes de la mer.

Ces instruments nous conduisent à parler des *amarques*, comme on disait autrefois, ou des *bouées*, comme on dit aujourd'hui. Ce sont des corps flottants attachés au fond de l'eau, et que tous ceux de nos lecteurs qui ont séjourné au bord de la mer ont pu voir, muettes sentinelles, dans les passes

Fig. 51. — Bouée à cloche.

des chenaux, ou près de certains bancs ou rochers. Quelques-unes sont pourvues de cloches. Et c'est une chose qui émeut profondément, que leur sonnerie par une nuit de tempête. « Éloignez-vous! éloignez-vous! » semblent-elles vous crier. Hélas! il est souvent trop tard lorsqu'on les entend, et le navire emporté par les mauvais génies de l'ouragan va se briser parfois sur la bouée même qui lui signalait le danger !

En France, tous ceux de ces ouvrages que les navigateurs doivent laisser à tribord (droite) en venant du large, sont peints en rouge avec une couronne blanche à leur sommet ; ceux qu'ils doivent laisser à bâbord (gauche) sont peints en noir. On peint en bandes horizontales, rouges et noires, ou en losanges, en damiers, etc., ceux qui peuvent être laissés indifféremment de l'un et de l'autre côté. Quelques-unes possèdent des miroirs qui ont pour objet de renvoyer par réflexion les rayons émanés du soleil ou des phares voisins.

Ajoutons que par les temps de brume, les entrées de port sont signalées par des cloches qu'on sonne à la volée en observant de certains intervalles. Quelques phares possèdent aussi de ces appareils. Aux États-Unis, où les brouillards sont fréquents et très-épais, on n'a pas reculé devant les dépenses qu'exigeait la portée des sons, et l'on a installé sur plusieurs points des cloches pesant jusqu'à 500 kilogrammes et plus, et sur d'autres de puissants sifflets alimentés avec de l'air comprimé.

D'après Coulier, ce serait encore aux Étrusques

que les modernes devraient ce genre de signaux.
« Avant leur invention des trompettes marines dont
ils se servaient pour avertir les navigateurs, dit-il,
les gardiens des phares étaient dans l'habitude de
sonner de la conque marine, qu'on trouvait sur
toutes les plages. »

III

LES SIGNAUX

Ce que représente notre dessin (page 221) ne saurait étonner ceux de nos lecteurs qui ont visité nos côtes de la Manche ou de l'Océan. Ils ont tous vu fonctionner à l'entrée de ces ports, ou sur un point de la côte bien en vue, cette télégraphie dans laquelle les mots sont remplacés par des pavillons ou des ballons en filets de cordages. Et plus d'un s'est sans doute demandé ce que signifiait ce langage, mystérieux comme presque tout ce qui touche à la marine. Ce qu'il dit est fort simple : il indique, au navire qui vient du large, la quantité exacte d'eau existant dans le chenal du port, aux diverses heures de la marée. Ainsi un ballon placé à l'intersection du mât et de sa vergue annonce une profondeur de 5 mètres dans toute la longueur du chenal. Chaque ballon placé sur le mât, au-dessous du premier, ajoute 1 mètre à cette hauteur d'eau; placé au-dessus, il en ajoute 2. Hissé à l'extrémité de la vergue, un ballon représente 0^m,25, s'il est à gauche du mât, et 0^m,50, s'il est à droite.

Les pavillons soulignent, pour ainsi dire, ce que disent les ballons. Dès que l'eau atteint 2 mètres dans le chenal, un pavillon blanc avec croix noire et une flamme noire, en forme de guidon, sont hissés. Pendant toute la durée du flot, la flamme est au-dessus du pavillon; au moment de la pleine mer et pendant la durée de l'étale, la flamme est amenée; enfin la flamme reste au-dessous du pavillon pendant le jusant ou reflux, ou, comme disent les marins, le perdant de l'eau.

Lorsque l'état de la mer interdit l'entrée du port, tous ces signaux sont remplacés par un pavillon rouge, également hissé au sommet du mât.

Ces signaux ne sont pas aussi complets dans les petits ports, où ils ne sont pas nécessaires; mais partout ils ont la même signification. Ajoutons qu'on les fait également la nuit. On substitue alors des fanaux aux ballons.

Tels sont les derniers avertissements qui sont donnés aux navigateurs qui, après avoir franchi les diverses zones éclairées, reconnu le port à son feu, se préparent *à faire*, pour y entrer, comme ils disent.

Ajoutons que, dans ces dernières années, le ministre de la marine a imposé à tous les bâtiments de guerre et de commerce, naviguant pendant la nuit, une obligation que les voitures subissent depuis longtemps. Comme le vaisseau d'Agamemnon

Fig. 52. — Signaux de marée.

qui portait, dit Virgile, un fanal qui le distinguait
des autres navires de la flotte grecque, tous les
navires français sont tenus d'avoir, la nuit, un feu
blanc à leur mât de misaine, un feu vert à tribord
et un feu rouge à bâbord. Les navires plus petits
sont également illuminés, mais avec moins de luxe.
Ils se servent d'un appareil nommé *lambique*, sorte
de vase de fer-blanc contenant de la térébenthine,
dans laquelle plonge un tampon qui s'allume très-
aisément ; cette lumière jette un vif éclat, surtout
lorsqu'elle est mouillée par la pluie. La fréquence
des abordages nocturnes et, par suite, les nombreux
naufrages qu'ils occasionnaient, ont nécessité cette
mesure, — renouvelée des Grecs.

VI

LA VIE DANS LES PHARES

I

LES GARDIENS

Nous avons parlé du corps savant auquel est con-
fié le service des phares français ; il nous faut dire
aussi un mot de celui plus modeste qui exécute les
ordres du premier, du corps des gardiens. Eux aussi,
comme les monuments dont ils entretiennent chaque
nuit l'âme bienfaisante, la lumière, ils ont une histoire dans laquelle se pressent des événements de
plus d'un genre, et souvent assez dramatiques pour
que l'imagination des conteurs s'en soit emparé, et
en ait fait le thème d'émouvants récits.

On a banni aujourd'hui le drame et l'imprévu de
la vie des gardiens de phares par de prévoyants rè-
glements et une surveillance active. En France, ce
personnel se recrute de préférence parmi les anciens
militaires de terre et de mer. Il est de deux sortes :
les maîtres de phare qui touchent 1,000 francs et

sont chargés de la direction de plusieurs feux, et les gardiens, qui sont divisés en six classes et dont les appointements varient entre 850 et 475 francs. Ceux qui sont affectés au service des phares isolés en mer reçoivent des indemnités. Leur nombre n'est jamais inférieur à trois pour les phares de premier ordre et à deux pour ceux du second et du troisième ordre.

Le règlement auquel nous empruntons ces détails est à peu près le même chez toutes les nations maritimes. Il indique aux gardiens leurs devoirs et leur prescrit les divers travaux qui leur incombent. Que ces phares soient en plein Océan, à plusieurs milles de la terre, à plusieurs centaines de mètres au-dessus du niveau de la mer, ou qu'ils s'élèvent à l'entrée d'un port ; que la vague déferle avec furie sur l'édifice, ou que les flots au contraire en lèchent doucement les pieds ; que l'ouragan mugisse ou que la brise, apportant sur ses ailes les parfums et les bruits de la terre, invite à veiller sur la galerie au lieu de rester enfermé dans l'intérieur de la tour : que l'Océan soit sillonné de bâtiments ou que rien ne paraisse à l'horizon, si ce n'est les feux de quelques bateaux pêcheurs, le devoir des gardiens est d'allumer les lampes à la tombée de la nuit et de les éteindre au lever du soleil. Pendant le jour, ils ont à préparer l'appareil. Quant à leur vie, elle est la même partout, plus ou moins agréable, selon les stations. En France, les phares desservis par un seul gardien sont confiés à des hommes mariés qui sont logés avec leur famille dans l'établissement. Cette dispo-

sition a non-seulement l'avantage d'améliorer leur
sort, mais encore de donner l'assurance qu'ils seront remplacés en cas de besoin dans leur service,
lequel est tellement facile, qu'il peut être remis ac-
cidentellement à une femme ou même à un enfant.
Le logement de la petite famille consiste en une ou
deux pièces avec cheminée, un grenier et quelquefois un caveau. Une cour et un jardinet y sont habituellement annexés. Dans quelques-uns de ces
phares, la maison du gardien est placée à proximité
de la tourelle de telle sorte que le feu est en vue
d'une des fenêtres; dans la plupart, la maison est
accolée à la tour, de manière que, si le gardien est
obligé de se lever pour s'assurer de l'état de la
flamme, au moins n'est-il pas forcé de s'exposer au
sortir du lit, aux rigueurs de l'atmosphère.

Dans les phares lenticulaires des trois premiers
ordres, dont la flamme doit être surveillée pendant
toute la durée des nuits, il est nécessaire d'avoir
plusieurs gardiens qui veillent à tour de rôle. On
logeait autrefois les gardiens avec leur famille.
Malheureusement des dissensions presque inévita-
bles, quand les habitants sont nombreux et insuffi-
samment façonnés à la discipline, ne tardèrent pas
à altérer la bonne intelligence. On prit en conséquence le parti de n'admettre que ces agents dans
l'intérieur des phares, laissant aux gardiens mariés
le soin de loger leur famille. Les logements se com-
posèrent alors d'une seule chambre par gardien, et
d'une cuisine commune.

On obtint ainsi le résultat qu'on avait en vue. Mais

on s'aperçut bientôt que séparer les gardiens de leur femme et de leurs enfants était imposer un surcroît de dépenses à des hommes dont la rétribution est assez faible ; que les priver de ces joies d'intérieur qui sont la compensation légitime des charges et des soucis de la paternité, c'était ajouter aux tristesses de leur isolement, en le rendant plus complet, et enfin les exposer trop fortement à la tentation de s'absenter du phare aux heures où leur présence y est obligatoire. On a remédié à ces inconvénients en isolant les logements des gardiens les uns des autres.

Les phares situés en mer, ne se composant que d'une tour, ne sauraient admettre les familles des gardiens ; leurs logements sont établis sur le continent, près du port qui dessert les communications du phare. Dans ces stations la vie est assurément très-monotone et ennuyeuse. Le vent souffle quelquefois avec tant de violence, qu'ils peuvent à peine respirer. Ils sont alors obligés de se renfermer étroitement dans la tour obscurcie par un sombre brouillard ou par l'écume des hautes vagues qui les enveloppe comme un voile déchiré. L'été, par les beaux jours, ils s'amusent à pêcher. Si leur demeure n'est point entourée de rochers qui leur permettent de tendre des lignes, ils nouent autour de l'édifice, à une certaine hauteur, au-dessous de la porte d'entrée, une corde à laquelle ils attachent une cinquantaine de lignes de la longueur du bras ; quand la mer monte, le poisson vient rôder le long du mur, il s'attrape, et lorsque l'eau baisse, on aperçoit accro-

chée aux hameçons et suspendue autour du phare
une guirlande de poissons.

Parfois aussi le hasard fournit aux gardiens de
phares des délassements plus nobles. Sur la côte
d'Angleterre, il y a un récif qui se nomme le Longs-
tone ; sur ce récif on a élevé un phare en 1827, ce
qui n'a pas empêché un naufrage qui est resté
célèbre. En 1838, le vapeur *Forfarshire*, qui faisait
le trajet régulier entre Dundee et Hull, s'y perdit.
Il y avait cinquante-trois personnes à bord dont
trente-huit périrent. Neuf des passagers qui survé-
curent à cette catastrophe durent la vie au dévoue-
ment héroïque de Darling, gardien du phare, et de
sa fille, dont la mémoire sera bénie pendant longtemps.

Si peu variée que soit cette existence, elle trouve
néanmoins des partisans. Smeaton parle d'un cor-
donnier qui entra comme gardien au phare d'Eddystone parce que la réclusion lui déplaisait ; il se
trouvait moins prisonnier sur son rocher que dans
son échoppe. « A chacun son goût, répondait-il à
ceux qui s'étonnaient ; j'ai toujours aimé l'indépen-
dance. »

« Le mot ne manque point de vérité, remarque à
ce propos M. Esquiros, si étrange qu'il paraisse,
appliqué à une vie de réclusion et à une sorte de
régime cellulaire. Ce qui constitue réellement la
prison est la captivité morale. Ici au contraire,
l'âme est libre, elle plane sur les steppes sauvages
de l'Océan tout tacheté de voiles. Confiner de vive
force un homme dans de pareilles conditions sem-

blerait presque une barbarie de la loi ; mais du
moment que le choix est volontaire et que cet isolement est une faveur au lieu d'être une punition, le
morne donjon lui-même se dépouille de la moitié de
ses rigueurs en perdant l'idée de servitude. »

Est-ce le même gardien, le seul peut-être qui ait
eu la vocation de cet étrange métier, qui, étant
resté quatorze ans dans le phare d'Eddystone, avait
conçu pour sa prison un tel attachement que pendant deux années il avait renoncé à son tour de
congé? Il voulait en faire autant la troisième, mais
on le pressa tant qu'il consentit à profiter cette
fois du droit que lui donnait le règlement. Tout
le temps qu'il avait été sur le phare, il s'était toujours convenablement comporté ; à terre, il se
trouva comme on dit, dépaysé, et il se prit à
boire jusqu'à l'ivresse. On le ramena dans cet
état au phare, où après avoir langui quelques jours,
il mourut.

D'autres sont devenus fous ou à peu près, à force de
contempler les mêmes scènes et les mêmes impres-
sions extérieures. A environ un mille et un quart du
Land's End, raconte l'écrivain que nous venons de
citer, sur un groupe d'îlots de granit enfermés par la
mer, s'élève un phare construit en 1795, qu'on appelle *Longship's light-house*. Le rocher de forme coni-
que sur lequel il s'appuie est le *Carn-Brâs*, qui
émerge de 45 pieds au-dessus du niveau des eaux
basses. En hiver, comme à Eddystone, le rocher et
l'édifice disparaissent parfois durant quelques secondes derrière les vagues, qui montent de plusieurs

Fig. 35. — Phare d'Eddystone sous les lames.

toises au-dessus de la lanterne[1]. Un jour, en 1862, deux drapeaux noirs flottèrent en haut du phare : c'était évidemment un signal de détresse. Qu'était-il donc arrivé? Des trois hommes qui habitent le *light-house*, celui dont le tour de garde était venu, s'était ouvert la poitrine avec un couteau. Ses compagnons avaient essayé d'étancher le sang en fourrant des morceaux d'étoupe dans la blessure. Trois jours s'étaient ainsi passés avant qu'on pût obtenir du secours. La mer était si rude et le débarquement si dangereux, qu'on fut obligé de lancer du phare dans le bateau le blessé, suspendu à une sorte de balançoire. On lui prodigua les soins que sollicitait son état, mais il mourut peu de temps après avoir touché le rivage. Le jury, éclairé par les rapports de ses camarades, déclara qu'il avait agi dans un accès d'aliénation mentale. Il n'est point étonnant que l'homme, placé dans de telles circonstances effrayantes, sente le vertige de l'abîme lui monter à la tête.

Ce qui ajoute beaucoup aux horreurs de cet emprisonnement au milieu des flots, est la cohabitation forcée entre individus dont les goûts et les humeurs ne s'accordent point toujours. Des curieux ayant nu

---

[1] Une fois la mer enleva la calotte de la lanterne; l'eau entra, éteignit les lampes et ne fut repoussée qu'à force de travail et de présence d'esprit. Une autre circonstance ajoute beaucoup à la terreur des lieux. Il y a sous le phare une caverne ouverte par une longue crevasse à l'extrémité du rocher. Quand la mer est mauvaise, le bruit produit par l'air resserré dans cette caverne est si violent, que les hommes peuvent à peine dormir. L'un d'eux fut frappé d'une telle frayeur par ce phénomène naturel, que ses cheveux blanchirent en une nuit.

jour débarqué sur le roc d'Eddystone, quelqu'un qui en parlait bien à son aise, fit observer à l'un des gardiens combien il devait se trouver heureux dans cette retraite. « Oui, très-heureux, reprit le *light-keeper*, si nous pouvions seulement jouir du plaisir de la conversation ; mais voici un grand mois que mon compagnon et moi nous n'avons pas soufflé mot. »

Quoique le goût des choses de la mer soit moins répandu en France qu'il ne l'est en Angleterre, les braves et modestes gardiens de nos phares y ont plus d'un ami. Les vers suivants, dus à un poëte de talent, M. André Lemoine, en sont une preuve que nous sommes heureux d'offrir à nos lecteurs, ainsi qu'à ceux qui les ont inspirés. Puissent-ils, en lisant ce poétique et cependant sincère tableau de la vie dans les phares, éprouver tout le plaisir que nous y avons trouvé nous-mêmes !

I

En décembre les jours sont de courte durée ;
Notre zone brumeuse est à peine éclairée :
À la pointe du Raz, dès quatre heures du soir,
Le soleil tombe en mer, la nuit jette son voile,
Et jusqu'au lendemain pas un rayon d'étoile.
Sur la côte où le flot se brise, tout est noir.

De la pointe du Raz aux bancs de la Gironde,
Écumeur éternel, partout l'Océan gronde,
Sur des milliers d'écueils multipliant son bruit.
(Autant d'écueils, autant de souvenirs funèbres.)
Cette voix de la mer, parlant seule aux ténèbres,
Est sinistre durant quatorze heures de nuit.
Et surtout quand on pense aux nombreux équipages
Qui, par les soirs d'hiver, poussés dans nos parages,
Reviennent fatigués d'un voyage au long cours.
Ils ont vu le cap Horn, ou les mers boréales,
Mais les cœurs sont restés sur les grèves natales,
Comptant les jours des mois, et les heures des jours.
Du golfe de Biscaye aux passes de la Manche,
Le grand Océan sombre est dans sa fureur blanche :
Il ne reconnaît pas les navires errants.
Ceux que nous attendons nous arrivent peut-être,
Et pas un astre au ciel ne daigne reparaître :
Tout le ciel est peuplé d'astres indifférents.
Mais de riches lueurs, vertes, rouges et bleues,
Apparaissent en mer jusqu'à neuf et dix lieues
Au marin dans la houle et dans la nuit perdu.
D'où vient-elle si tard, cette clarté bénie?
Est-ce un regard puissant de quelque bon génie?
Non. — Du bord de l'abîme un homme a répondu.
Quand le ciel éteindra ses étoiles avares,
Pour éclairer l'espoir, l'homme a planté des phares
Sur les rocs, les écueils, la pointe des îlots :
Dès que meurt le soleil, la côte illuminée
Déploie avec lenteur une large traînée
De sa lumière ardente à l'horizon des flots.
Si le ciel est peuplé d'étoiles inutiles,
A Noirmoutiers, Penmarch; à Barfleur, aux Sept-Iles;
A l'avant de la terre, aux roches d'Ouessant;
Aux dunes de Saintonge, aux deux caps de la Hève,
Partout, à la même heure, une flamme se lève
Et jette dans la nuit un cercle éblouissant.

II

Pour les navigateurs qui s'approchent des côtes,
Un homme toujours sûr veille à ces flammes hautes,
Prisonnier volontaire enfermé dans les tours ;
Et le plus grand vaisseau vient au large sans craindre
Que la lampe du phare un instant laisse éteindre
Le rayon de salut qui doit briller toujours.
Ceux qui gardent le feu, les veilleurs invisibles,
Par les gros temps d'hiver ont des heures terribles.
Sur un roc, détaché du monde des vivants,
Où le nuage pleure, où le flot se lamente. —
Les phares sont debout au cœur de la tourmente,
Dans l'aveugle chaos des lames et des vents.
Il faut avoir le pied marin ; par intervalles
Leurs tiges de granit, sous le fouet des rafales,
Oscillent brusquement comme de longs roseaux.
Il semble que parfois la tour déracinée,
Par la rafle du vent tout d'un bloc entraînée,
Comme un arbre arraché disparaît dans les eaux.
Mais le phare est solide et tient bon. — L'homme veille,
Tous les bruits de la mer ont usé son oreille.
Il n'entend pas les cris d'oiseaux tourbillonnants,
Hors d'haleine, accourus dans un vol de tempête,
Affolés de lumière à se briser la tête
Aux grands vitrages clairs de ces feux rayonnants.
Comme il ne peut rien voir, il ne peut rien entendre ;
Mais l'oreille est au cœur. — Il croit, à s'y méprendre,
Reconnaître des voix dans le flot déferlant…
Un adieu qui s'éloigne, un long sanglot qui passe…
Il écoute… Quelqu'un heurte la porte basse,
Comme un ami perdu qui frappe en le hélant.
L'étrange illusion du veilleur est si forte,

Qu'il bondit pour descendre à sa petite porte,
Dans le débordement des eaux, prêt à l'ouvrir.
Il touche au verrou froid. — Il s'apaise, il remonte,
Songeant qu'à l'horizon plus d'un navire compte
Sur la clarté d'en haut qui ne doit pas mourir.
Elle étouffe son cœur, la pauvre sentinelle,
Dans cette longue nuit qui lui semble éternelle.
Une bande grisâtre annonce enfin le jour.
Le ciel blanchit au large. — On voit clair. — La marée,
Comme un mince fil bleu, s'est au loin retirée,
Et l'homme, respirant, s'échappe de sa tour.

LE ROMAN DE LA TOUR D'EDDYSTONE

Est-ce l'anecdote que nous avons reproduite plus haut qui a servi de sujet à certaine petite nouvelle que nous avons lue dans un recueil international justement estimé, la *Revue britannique*, ou bien est-ce avec la nouvelle qu'on a fait l'anecdote, c'est ce que nous ne saurions dire. Mais comme toutes deux appartiennent à notre sujet, nous nous sommes permis de l'emprunter, en l'abrégeant, à cet excellent recueil, assez riche pour prêter sans compter.

Je n'ai pas voulu faire un conte en écrivant ce qu'on va lire; c'est une confession pour soulager mon âme du lourd poids qui pèse sur elle depuis de longues années.

J'ai débuté dans la vie par la marine. Après avoir hésité entre diverses professions, je m'engageai un beau matin sur le trois-mâts de commerce le *Neptune*, qui, après sa campagne, me ramena enfin au port d'où il était parti. C'est dur le métier du marin! Cependant, lorsqu'il me fallut songer de nouveau à vivre, je pensai à redemander du travail à la mer. Seulement, comme le service du *Neptune* m'avait dégoûté de la marine marchande, je résolus de m'engager dans la marine royale, et à cet effet je me dirigeai vers Plymouth.

Le moment était mal choisi, car en arrivant à Devonport, j'appris qu'il ne s'y trouvait aucun navire en armement. J'avais heureusement quelque argent, c'est-à-dire de quoi attendre dix ou quinze jours. J'entrai donc hardiment dans *Admiral Rodney's Tavern*, où je pris une chambre confortable. Puis comme les environs m'étaient inconnus, je m'amusai à les parcourir; en sorte que le temps s'écoulait fort agréablement pour moi.

Quinze jours passèrent ainsi, et j'aurais volontiers consacré le reste de mes jours à ce *far niente*; mais je comptais sans mon hôte, comme on dit. Celui-ci me rejeta dans la réalité en me présentant le total de mes dépenses. Je le payai, ce qui allégea ma bourse assez complétement pour que je comprisse que le temps des rêves était passé. Par bonheur mon aubergiste était un homme honnête et compatissant; il me donna de bons conseils et entre autres celui de partir immédiatement pour Bristol, où je trouverais facilement à m'engager pour le commerce, ce qui était plus sage que d'attendre indéfiniment l'armement d'un bâtiment de l'État.

Je réfléchissais à ce que l'aubergiste me conseillait, lorsqu'un homme déjà âgé entra dans la salle.

— Encore un d'envolé, mon brave Jem, dit-il à l'aubergiste : le nouvel oiseau a aussi abandonné la cage. Le ciel me confonde, si ce n'est pas le troisième depuis deux mois !

— Monsieur arrive à point pour vous, me dit l'hôte. Voilà votre affaire, à moins toutefois que vous n'ayez peur de l'isolement et d'un travail régulier.

— De quoi parlez-vous? demandai-je.

— Monsieur, reprit l'aubergiste, est inspecteur des phares. Le gardien de celui d'Eddystone l'a quitté subitement. Voulez-vous sa place? Cet emploi vous conviendra parfaitement, car, ajouta-t-il en riant, je ne crois pas me tromper en supposant que vous n'aimez pas le travail outre mesure.

Cette proposition m'enchanta, et j'acceptai l'offre sur-le-champ. On m'accueillit de même, car j'avais de bons certificats, et aucun postulant n'était sur les rangs, ce qui ne laissa pas que de m'étonner un peu. Le vieil inspecteur me dit qu'il fallait signer un engagement de six mois, parce qu'on était fatigué de voir les recrues déserter leur poste après quelques jours de service. J'étais si content que j'offris de m'engager pour un an ; l'inspecteur sourit et me répliqua que six mois suffisaient.

Ainsi que l'avait dit mon hôte, cette position me convenait parfaitement, et je me réjouis intérieurement de ma bonne fortune. Bons appointements, abondance de vivres, chaude retraite, vie facile, que fallait-il de plus? Aussi je cherchai vainement le motif qui avait pu contraindre mes prédécesseurs à quitter le service, et ne le trouvant pas, je les rangeai au nombre de ces gens que rien ne satisfait et qui ne sont réellement bien que là où ils ne sont pas.

Le séjour du phare, il faut l'avouer, devait être parfois un peu monotone. Pour obvier à cet inconvénient, je fis quelques emplettes propres à me divertir. J'achetai un jeu de cartes, une boîte à musique d'occasion et un livre de bons mots et de chansons populaires. Puis, comme il me restait quelque argent et que je savais que je n'aurais pas avant longtemps l'occasion de le dépenser agréablement, je donnai une fête. Je veux dire que je payai deux violons et une flûte qui nous firent danser jusqu'au matin dans une arrière-salle de mon auberge. Que d'années se sont écoulées depuis lors! Depuis je n'ai pas retrouvé de nuit aussi heureuse!

Le lendemain matin, je fis mes adieux à mon hôte et je m'embarquai dans la chaloupe affectée au service du phare. En route, un matelot me fit remarquer que j'allais commencer ma tâche un vendredi.

— Que m'importe! répliquai je. Suis-je une vieille femme pour redouter le vendredi?

— Nous verrons, nous verrons, reprit le superstitieux marin.

Je me moquai de lui, et, pour montrer combien ses paroles me troublaient peu, je m'écriai que je

ne voulais plus d'autre nom que celui du compagnon de Robinson Crusoé. Comme lui, n'allais je pas
d'ailleurs habiter une île déserte? Je me souviens
très-bien de cet incident. Alors j'étais plein d'espérance.

Le temps était beau, la brise légère. Trois heures
après notre départ, nous atteignîmes notre destination et nous débarquâmes sans difficultés. On transporta dans la tour les provisions que contenait la
chaloupe : ceci fait, l'embarcation mit le cap sur
Plymouth et me laissa seul, ou du moins avec mon
compagnon de garde.

Celui-ci était un vieil Écossais, dont la physionomie n'était point faite pour me séduire. Il avait
l'air sombre et ne paraissait point communicatif. Il
me montra pourtant ma nouvelle demeure, qui me
convint.

Je n'avais jamais vu l'intérieur d'un phare. Le
pied de la tour ne formait qu'un seul massif de
maçonnerie : au-dessus se trouvaient quatre chambres superposées et dominées par la lanterne. Celles
du bas servaient de magasins ; la troisième était la
cuisine, et la dernière contenait nos lits. C'était la
même économie d'espace que dans un vaisseau, et,
comme dans un vaisseau aussi, je constatai qu'il y
régnait la même propreté. La seule différence était
le peu de place que l'on avait pour se mouvoir, au
moins dans le sens horizontal ; on ne pouvait prendre
d'exercice qu'en montant et en descendant ; mais je
n'y songeai point sur-le-champ.

— Je vivrai ici très-commodément et avec tout le

confort désirable, pensai-je. Après avoir couru
le monde comme je l'ai fait sur le *Neptune*, je
dois m'estimer très-heureux de rencontrer un tel
asile.

Il n'est pas fort doux, en effet, de faire le quart
sur le pont d'un navire, durant une nuit froide et
pluvieuse, désagréablement ballotté par le tangage
et le roulis, ou bien de grimper dans la mâture pour
prendre des ris pendant un coup de vent. Je me
rappelai précisément que l'année précédente, à la
même époque, je passais le cap Horn sur le *Neptune*.
Pendant trois semaines nous avions vécu au milieu
de fatigues et d'inquiétudes incessantes, sans qu'il
nous fût possible d'ôter nos vêtements et de dormir
une heure avec tranquillité. Une mer en fureur nous
assaillait sans repos de ses lames courtes et dures,
tandis que la brise aiguë du pôle antarctique nous
fouettait de la neige au visage et sur les mains.
Jour et nuit il fallait être aux pompes quand on
n'était pas à la manœuvre ; pour comble de malheur, nos provisions s'épuisaient, et nous ne pouvions pas passer... Quel contraste maintenant ! Je
n'avais qu'à entretenir une lampe et à veiller pendant quelques heures dans un excellent fauteuil ;
un bon lit, une bonne nourriture m'attendaient ;
j'étais abrité contre les tempêtes et pouvais dormir
en toute sécurité. Grande était la différence, on ne
le niera pas.

J'ignorais, hélas ! que je regretterais bientôt la
destinée à laquelle je me félicitais d'avoir échappé,
et que je ne tarderais pas échanger mon bien-être

contre les plus dures épreuves de mon ancienne profession.

Quand j'eus visité les étages inférieurs du phare, mon compagnon me conduisit dans la lanterne, m'expliqua le mécanisme de l'appareil et mes nouvelles fonctions. Il entra à ce propos dans des détails si minutieux, quoique le sujet ne prêtât point à de longs discours, et il parla si longuement, que ses explications m'ennuyèrent d'une façon prodigieuse. Je redescendis dans la chambre, où je m'occupai de mon installation.

Le soir venu, mon compagnon et moi retournâmes dans la lanterne. Il m'apprit à allumer et à diriger la lumière de l'appareil. Cette leçon prise, je revins dans la cabine, car devant veiller pendant la seconde partie de la nuit, je crus nécessaire de me préparer par le sommeil.

Toutefois je ne dormis pas tout de suite. Je commençais à éprouver le sentiment de la solitude. Je crus d'abord que cela tenait à la nouveauté de ma situation. Cherchant autour de moi quelque chose qui pût m'occuper, mes regards tombèrent sur la bibliothèque de mon camarade, si l'on peut appeler bibliothèque une demi-douzaine d'ouvrages occupant un rayon. J'avais lu pendant mon enfance quelques-uns de ces livres, les autres ne me semblèrent pas intéressants; je n'avais jamais eu de goût pour les lectures religieuses; je ne troublai donc pas la bibliothèque du vieux gardien.

Deux lunettes d'approche étaient pendues à des clous contre la muraille : je les démontai et les nettoyai toutes les deux, non qu'elles en eussent besoin, mais cela me fit passer quelque temps. J'ouvris ensuite les différents tiroirs qui se trouvaient dans la pièce ; je ne découvris qu'une suite de gravures représentant les signaux du phare et un livre explicatif de ces images, les vêtements de mon compagnon, plusieurs outils de charpentier et des bagatelles insignifiantes : il n'y avait pas de quoi me monter l'imagination. Je résolus néanmoins de ne pas me laisser abattre, et, quoique je n'eusse pas faim, je descendis dans la salle qui renfermait nos provisions : là, je pris un morceau de petit salé. Après l'avoir mangé de bon cœur, je me fis un verre de grog, j'allumai ma pipe et remontai ma boîte musicale pour me donner quelque distraction.

Je me mis alors à réfléchir sur ma vie et mes aventures passées : le moment me sembla favorable pour commencer une entreprise que j'avais eu plusieurs fois le projet d'accomplir, mais que je n'avais jamais pu exécuter ; il s'agissait d'écrire mes Mémoires. Cette idée me remplit de joie, et aussitôt je cherchai comment je débuterais ; mais, ayant fumé deux ou trois pipes, ma boîte ayant joué plusieurs fois ses ritournelles, je m'aperçus que le temps avait passé d'une manière assez prompte : dans une heure, j'allais être de quart. Ce n'était pas la peine de mettre si tard la main à l'œuvre ; je pensai qu'il valait mieux monter près du vieil Écossais et attendre avec lui mon tour de garde.

Je le trouvai lisant la Bible ; cela me déplut, non

pas qu'il y ait du mal à lire l'Écriture; mais que mon
unique compagnon fût un être grave, ennuyeux,
insociable, et, de plus bigot, c'était vraiment par
trop fort. Je regrettai presque d'avoir accepté ma
nouvelle place ; je me reprochai au moins de n'avoir
pas pris des renseignements sur mon futur com-
mensal. Je crois qu'il s'aperçut de ma mauvaise humeur, car il mit son livre de côté, plaçant ses
lunettes en guise de signet dans l'endroit qu'il était
occupé à lire.

— N'éprouvez-vous jamais d'ennui sur ce rocher?
lui demandai-je en surmontant ma répugnance et
en m'asseyant près de lui. C'est une résidence un
peu triste et un peu solitaire que votre tour.

— Oui, me répondit-il avec une horrible pronon-
ciation écossaise, on se trouve parfois un peu seul
ici ; mais je serais seul partout, car je n'ai ni parents
ni alliés sur la terre ; j'ai appris à me suffire.

— Vous pourriez alors vous passer de ma compagnie maintenant et toujours? répliquai-je.

— Vous ne devez pas vous offenser, quand je n'ai
pas eu l'occasion de vous déplaire. Je suis très content.....

— Oh! je ne m'irrite pas pour si peu! m'écriai-je
en l'interrompant. Notre destinée, d'ailleurs, est
presque pareille. Lorsque je débarquai en Angleterre, il y a un mois, je trouvai tous mes parents
morts et ensevelis, ma mère, ma sœur, mes deux
frères ; depuis longtemps, mon père les avait précé-
dés. Je suis seul, tout à fait seul dans le monde.

— Sort fâcheux! dit l'Écossais d'une voix nasillarde, mais celui qui mesure le vent à la brebis tondue.....

— Oh ! oui, je connais cette maxime, m'écriai-je de peur qu'il ne me fît un sermon ; cela est bien vrai. Les hommes, d'ailleurs, ne peuvent pas vivre toujours ; ils doivent mourir tôt ou tard ; tout est pour le mieux.

— On éprouve une grande consolation à parler ainsi, quand on est vraiment pénétré du sens de ces paroles, me dit mon interlocuteur.

Il y avait dans cet homme je ne sais quoi de décourageant qui avait influé sur moi au premier aspect : ses discours, ses regards étaient si fastidieux ! mais je ne voulais pas m'abandonner à cette impression ; je babillai courageusement, chantai une chanson, débitai une foule de plaisanteries excellentes et toutes sortes d'histoires sur mes aventures dans le cours d'une vie agitée ; quelques-uns de ces épisodes étaient fort amusants.

Rien ne servit. Quoique ma conversation eût toujours été jugée agréable, elle ne paraissait pas plaire au vieux dévot. Il m'écouta paisiblement et ne m'interrompit pas une seule fois ; mais je vis que ma gaieté ne lui convenait pas plus que son humeur sombre n'était de mon goût.

L'heure s'écoula néanmoins, et après m'avoir fait bon nombre de remarques sur la lampe, les réflecteurs et le service, il me laissa seul. Lorsqu'il fut parti, je pensai combien il était dur et injuste qu'un homme comme moi, doué de talents naturels et ayant reçu une bonne éducation, eût le même sort qu'un vieil Écossais ignorant et imbécile; et je me demandai quand viendrait le temps où je serais enfin à ma place. Hélas! il n'est pas encore venu! Bien des années se sont écoulées depuis que j'étais gardien du phare d'Eddystone, que de situations indignes de moi j'ai occupées dans ce long intervalle!

Je réfléchis cependant que j'étais encore mieux sur mon écueil solitaire que sur le pont du *Neptune*, où je ne me trouvais pas seulement exposé à toute espèce de douleurs physiques, mais aussi à l'humeur railleuse et querelleuse de mes grossiers camarades.

— Je suis certainement mieux ici, pensais-je, qu'au milieu de ces sauvages.

Et lorsque je me rappelai que n'ayant plus d'argent, il aurait fallu me replacer de nouveau parmi ces brutes ou mendier mon pain, je regardai ma situation d'un œil moins défavorable.

Ces idées et d'autres considérations analogues m'occupèrent quelque temps. Je montai alors ma montre et cherchai à m'arrimer pour la nuit. Mais je fis de vains efforts : toutes les positions me déplaisaient; j'éprouvais une sorte d'inquiétude, et je résolus d'aller en bas chercher un verre de grog et ma boîte à musique, que j'avais oubliée. Je descendis en conséquence. Le vieux gardien dormait; un bruit léger que je ne pus m'empêcher de faire, comme je passais près de sa cabine, le réveilla en sursaut.

— Qu'est-il arrivé? s'écria-t-il avec une expres-

sion de terreur. Que voulez-vous? parlez promptement.

— Ne vous effrayez pas, mon vieux, lui répliquai-je; il n'y a rien de nouveau. J'ai seulement
besoin d'un verre de grog et de ma boite à musique.

— Quoi! vous osez, pour si peu de chose, quitter
la lanterne! s'écria-t-il.

Et en articulant ces paroles, il se précipita comme
un lunatique le long de l'escalier.

Lorsque j'eus préparé mon grog et mis dans ma
poche ma boite de Genève, je pris le même chemin
que mon Écossais, riant de sa frayeur et de sa colère.
J'avais eu tort, sans doute, de quitter mon poste,
mais le mal n'était pas grand et sa conduite me
semblait d'une rare absurdité.

— Allons, vieillard, lui dis-je lorsque j'eus atteint la lanterne, ne prenez pas un air si rébarbatif.
Ne semblerait-il pas que j'ai commis un crime en
m'apprêtant un verre de grog? Retournez dans
votre lit, ou le froid va vous saisir par vos longues
jambes, et il faudra ensuite que je vous soigne
comme un nourrisson. Décampez, je vous prie; je
n'abandonnerai plus mon poste.

— Puis-je compter sur vous? me demanda-t-il
d'un air d'angoisse qui me fit rire de nouveau.

— Oh! certes, lui répliquai-je; je n'ai plus besoin
de rien. Descendez donc et mettez-vous entre vos
draps. Je vous jure que vous auriez tort d'être inquiet.

Il garda le silence et retourna dans sa cabine. Je

fis jouer ma boîte à musique pendant quelque temps
et avalai mon grog. Soit que la liqueur agît sur moi
comme un narcotique, soit que je fusse las d'avoir
passé d'une manière si joyeuse la nuit précédente,
je ne tardai pas à m'endormir profondément et je
ne me réveillai qu'au point du jour.

Lorsque j'ouvris les yeux et vis que l'aurore se
levait, je me hâtai d'éteindre la lampe, puis je descendis auprès de mon compagnon. Nous déjeu-
nâmes. A la fin du repas, l'admonition que j'attendais me servit de dessert.

— Jeune homme, me dit l'Écossais, vous avez
eu tort d'abandonner la lanterne la nuit dernière,
et il ne faudrait pas commettre une seconde fois la
même faute.

— N'y pensons plus. Le mal n'a pas été grand et
ne pouvait pas l'être.

— Vous avez navigué, reprit mon compagnon,
et vous saviez fort bien que vous ne deviez pas
quitter votre poste lorsque vous étiez de quart.

— Sans doute, répliquai-je ; mais un phare n'est
pas un vaisseau. Nous n'avons pas à craindre les
rafales ; les récifs semés autour de nous ne mena-
cent d'aucun danger nos personnes et notre demeure.

— Voilà un beau raisonnement ! s'écria-t-il, un
beau raisonnement ! Nous ne sommes pas exposés,
cela est vrai, jeune étourdi ; mais si le phare se dé-
rangeait et cessait d'avertir les marins, que de-
viendraient les hommes pour lesquels on l'a élevé
au-dessus des flots orageux ?

— Cinq minutes ne tirent pas à conséquence.

— Vous ne devez pas délaisser vos fonctions un seul moment. Vous et moi, nous sommes ici pour entretenir la lampe. Si, par notre négligence, un navire se perdait sur les rochers qui nous entourent, la mort de chaque homme pourrait nous être imputée à crime ; nous serions des assassins, des meurtriers ! N'essayez pas une justification impossible : vous savez que vous avez eu tort. Si je pensais…! Mais ce n'a été qu'une simple étourderie de votre part. Vous ne recommencerez pas, j'espère. Oublions donc un moment d'erreur.

Et je n'y songeai plus effectivement. Par malheur, des circonstances tragiques vinrent bientôt me rappeler ces paroles : « Si par notre négligence, un navire se perdait sur les rochers qui nous entourent, la mort de chaque homme pourrait nous être imputée à crime. »

Mais elles ne me firent aucune impression dans le moment, ainsi que je l'ai dit ; je tournai même en ridicule le langage de l'Écossais ; j'attendis néanmoins que je fusse seul, car il y avait alors dans son regard, dans sa physionomie, dans son accent quelque chose de solennel qui m'imposait malgré moi. Et cependant, quoique je me moquasse de ses discours, je le détestai plus que jamais. Il était écrit que nous devions avoir une querelle ce jour-là. Elle eut effectivement lieu et voici de quelle manière. J'avais bu plusieurs verres de grog, moins par nécessité que pour me fournir une distraction quelconque. Il s'en aperçut au niveau du rhum dans la bouteille. Fermant alors l'armoire qui contenait les liqueurs, il en prit la clef. Je fis semblant de ne pas le voir ; mais, bientôt après, désirant un autre verre, je m'approchai du vieillard qui était hors de la lanterne, dans la galerie circulaire et je lui dis poliment :

— Ayez la complaisance de me donner la clef de l'armoire.

— Non, jeune homme, vous ne l'aurez pas. Vous ne paraissez pas savoir vous arrêter : vous aurez désormais une ration journalière et pas une goutte de plus.

— Quel droit avez-vous de mesurer ainsi ma boisson ? m'écriai-je. Donnez-moi la clef, vieux marsouin, ou je vais vous apprendre à vivre.

Je le saisis par le bras comme j'articulais ces paroles ; mais, avec la rapidité de l'éclair et sans que je pusse empêcher ce mouvement, il lança la clef du haut de la galerie dans la mer.

— Vous avez voulu employer la force, me dit-il d'un air rude, parce que vous êtes plus jeune et plus robuste que moi. Considérez les suites de votre mauvaise intention ! Voyez ce que vous m'avez contraint de faire ! Vous n'aurez plus de grog du tout maintenant ; car vous n'oserez pas briser la serrure : du moins vous feriez mieux de ne pas essayer, attendu que l'effraction parlerait d'elle-même. Mais si vous demeurez tranquille, je ne vous accuserai point, n'étant pas un dénonciateur.

Je donnai au malin vieillard une rude secousse, et, dès ce moment, nous fûmes ennemis.

Il avait raison de dire que je n'oserais pas rompre la serrure de l'armoire. On s'en serait aperçu au premier voyage de la chaloupe, et l'histoire eût été découverte. J'essayai toutes les autres clefs, mais aucune n'allait. Pour comble de malheur, la marée était haute dans le moment de notre dispute ; quand les eaux baissèrent, je fis des recherches attentives ; mais, comme je devais le prévoir, elles furent inutiles.

Le jour s'écoula sans que j'éprouvasse d'ennui ; la colère m'empêchait de songer à ma position. C'était mon tour de veiller le premier ; je fis mon service, et lorsque minuit sonna, je m'enfermai dans ma cabine et dormis profondément.

Mais après avoir passé deux ou trois jours au milieu d'une tristesse croissante, je ne pus me dissimuler que ma situation était insupportable ; voyant mes efforts inutiles pour résister au découragement, j'abandonnai la lutte. J'avais essayé de me divertir en lisant mon livre de bons mots ou en chantant les chansons qui le terminaient ; j'avais feuilleté quelques-uns des ouvrages formant la bibliothèque de mon camarade, lorsqu'il n'était pas là ; rien n'avait produit l'effet désiré. Il me fallait exercer une contrainte assez violente sur moi-même, pour comprendre les pages placées devant mes yeux, tant mes pensées étaient vagabondes ; et lorsque je voulais chanter, ma voix rendait un son si creux, si triste, si monotone, qu'elle m'effrayait moi-même. Elle me semblait aggraver mon malheur. Ma boîte à musique, avec sa perpé-

tuelle uniformité, me causait un sentiment d'ir-
ritation et je me gardai bien d'en faire usage.....
Je renonçai à mon projet d'écrire ma biogra-
phie; mon esprit n'était jamais dans la disposition nécessaire, et je ne parvins à rédiger que
la première phrase. Je n'avais rien, absolument
rien à faire, rien à espérer, rien à craindre, rien à
désirer, rien qui pût me causer un souci ou m'inspirer une idée. Mon esprit et mon corps étaient également condamnés au repos. Il n'y avait pas
moyen de se distraire en prenant de l'exercice, car
cette tour étroite me cernait comme une cage; en
deux pas j'atteignais l'extrémité de la chambre. Je
commençai à comprendre l'inquiétude, l'agitation
perpétuelle des animaux captifs, à sympathiser
avec leur douleur; mais je les trouvais bien plus
heureux que moi, car ils n'avaient pas d'âme pour
souffrir, comme la mienne, les tortures d'un
emprisonnement moral.

Quelquefois, je songeais à la vie que menaient
les habitants de Plymouth, dont quelques milles
seulement me séparaient. Quelle différence cruelle
entre nos destinées! Je me les représentais dans
toute l'activité de l'existence, se mouvant au milieu
de la foule, saluant leurs connaissances, parlant,
plaisantant d'une manière agréable avec leurs
amis, achetant, vendant, lisant les journaux, fré-
quentant les salles de théâtre, s'offrant tour à tour
des parties de plaisir. Je me peignais l'arsenal de
marine, plein d'ouvriers actifs, retentissant du
bruit des haches et des marteaux; je voyais la gaie

cohue des mousses et des équipages, le port où l'on chargeait et déchargeait les navires, etc., etc. Pendant que toutes les scènes auxquelles je songeais avaient réellement lieu, j'étais captif dans une tour isolée, n'ayant, pour me distraire, que le murmure monotone de l'Océan, et la vue, plus monotone encore, de ses flots sans limites !

Chaque heure du jour me ramenait à ces idées ; le matin, je me peignais le réveil de l'industrieuse cité, l'ouverture des boutiques, la circulation naissante dans les rues, les caresses des familles avant de commencer les travaux du jour ; le soir, je pensais aux réunions près du feu, aux causeries intimes, aux souhaits pour une bonne nuit, plusieurs fois répétés. Moi, malheureux, ces instants ne me rappelaient que ma solitude, ma douleur, mon découragement et ma misère, avec l'accablante uniformité d'un immobile avenir !

Les vaisseaux qui passaient ne pouvaient m'inspirer l'intérêt et la sympathie qu'ils éveillent lorsqu'on est bercé comme eux par le mouvement des lames. J'enviais le plaisir des matelots qui s'y trouvaient fraternellement rassemblés, joyeux et sans soucis : leur navire les entraînait vers un port, leur existence avait un but ! Pas un de ces marins ne songeait au pauvre garde du phare ; et cependant, c'était pour eux qu'il veillait et souffrait ! L'apparition d'un navire ne faisait donc que m'attrister ; je me sentais comme un malheureux proscrit, abandonné dans une île déserte, qui aperçoit un vaisseau sans être aperçu de l'équipage. La

vue de la terre me produisait le même effet. Avec
un télescope, je distinguais quelques maisons ; le
laboureur y trouvait le soir une famille, des compagnons de sa destinée, lorsque j'étais seul, entièrement seul, car un vieillard insupportable ne
pouvait me tenir lieu de société.

Quelquefois je fondais en larmes et je me désolais
comme un enfant pendant une heure entière, mais
les larmes ne m'apportaient aucun soulagement.
Chaque jour me paraissait ne devoir jamais finir, et
lorsqu'il arrivait à son terme, je n'en éprouvais
point de satisfaction. Je savais qu'un ennui de
même nature devait fondre sur moi le lendemain.
J'avais suspendu ma montre à un clou pour mieux
apprécier la fuite du temps, mais les aiguilles
m'avaient l'air de ne pas se mouvoir. Je me disais
alors en moi-même : « Je vais rester longtemps
sans y jeter les yeux, » et lorsque je croyais avoir
laissé passer un long intervalle, je la regardais et
m'apercevais que quelques minutes seulement
s'étaient écoulées. A la fin son tic-tac m'agaça les
nerfs. Je la mis dans ma poche pour en étouffer le
bruit ; mais je l'entendais toujours ou me figurais
l'entendre. Je la logeai en divers endroits, afin
d'échapper à son ennuyeux tintement, mais avec
aussi peu de succès, et je finis par la briser dans
un transport de colère. Je m'en repentis aussitôt,
car il me devint dès lors impossible de mesurer le
temps, si ce n'est par le mouvement des ombres
que projetait le soleil, quand le soleil se montrait,
chose rare dans cette saison orageuse.

J'appris que des curieux venaient assez souvent visiter le phare, et je les attendais avec impatience, mais aucun ne parut pendant mon séjour à Eddystone.

Ainsi mes journées se passaient, l'une après l'autre; je n'ai pas besoin de décrire chacune d'elles. Je ne le pourrais pas d'ailleurs, quand même je le voudrais, car elles ne m'ont laissé aucun souvenir. Cette époque s'offre à moi comme un vide; je cessai même de calculer le temps, et je finis par ignorer dans quel jour du mois ou de la semaine je me trouvais. Il me semblait que je vivais des éternités : je me trompais grossièrement, car une très-petite fraction de mes six mois s'écoula de la sorte.

Une fois, je surmontai si bien ma répugnance envers mon compagnon, que j'eus le courage de lui demander s'il ne voulait pas faire une partie de cartes. J'avais longtemps balancé avant de m'y résoudre, mais l'ennui fut le plus fort. Je ne m'imaginais pas qu'il lui fût possible de refuser, en sorte que je comptais sur une distraction.

— Jouer aux cartes! y pensez-vous? s'écria le vieil Écossais. Ne savez-vous point que les jeux de hasard sont une invention du démon? compromettre le salut de mon âme pour me procurer un frivole plaisir, en admettant que je trouvasse du plaisir à remuer des morceaux de carton historiés et cha-marrés! Non, non; le ciel me préserve d'une pareille folie!

Cette brusque réponse me fit grincer dès dents.

La présence du vieillard me devint tout à fait insupportable. Je me serais trouvé bien mieux sans lui.
Je le pris en horreur, car il aurait pu me rendre
ma situation tolérable, et je le regardais comme la
cause principale de mon infortune. Avec un jovial
compagnon tel que moi, je n'aurais pas eu beaucoup
à me plaindre; toutes mes souffrances venaient
donc de sa sécheresse et de son égoïsme; je lui
vouai une si profonde haine, que je déteste encore
sa mémoire.

Je compris bientôt pourquoi on avait souri quand
j'offrais de contracter un engagement d'une année,
et pourquoi mes prédécesseurs avaient abandonné
la place. C'était un cruel séjour que le phare
d'Eddystone. Par moments j'éprouvais le désir de
me briser la tête contre les murs et de terminer
ainsi tout d'un coup ma misérable destinée;
d'autres fois, je voulais me précipiter dans la mer;
un seul mouvement eût mis fin à mon existence.
En plusieurs occasions, je me rendis sur la grève,
pendant la marée basse, avec le projet de m'élancer
du haut d'un roc, mais au moment d'accomplir mon
dessein, je reculais toujours. La vague espérance
d'un meilleur sort me retenait. Une voix mysté-
rieuse semblait me dire : « L'heure n'est pas venue,
attends encore. » Et le temps s'écoulait sans m'apporter le remède suprême. Ma situation continuait
à empirer. Une fièvre lente me brûlait le sang et
j'avais des crampes dans tout le corps; des étour-
dissements, des éblouissements me fatiguaient le
cerveau. J'éprouvais un perpétuel désir de faire

quelque chose, n'importe quoi; la vigueur naturelle de mon tempérament se révoltait contre la torpeur dans laquelle j'étais enseveli.

Par moments, je croyais que je devenais fou. Je trouvais mes pensées incohérentes; des idées bizarres, fantastiques s'offraient à mon esprit et j'avais toutes les peines du monde à les repousser. Mon intelligence vagabondait sans cesse; aucun lien n'unissait mes diverses réflexions, aucun but ne leur servait de centre. Je crois que je perdais réellement la raison; je voudrais en être pleinement convaincu du reste, car alors je n'aurais plus de responsabilité morale. Quelquefois, dans ces jours terribles, je doutais que je fusse éveillé, j'espérais que tout cela était un rêve affreux dont j'allais bientôt sortir en souriant de ma douleur et de mon inquiétude. Mais les jours s'écoulaient l'un après l'autre et le songe continuait.

Telle était ma vie au phare d'Eddystone. J'avais souvent pensé que le plus grand supplice corporel devait être de rester indéfiniment dans une même position. Ce que cette torture serait pour les organes matériels, ma situation l'était pour mon esprit. Assurément, si je nourrissais contre un homme une implacable haine et qu'on me donnât le choix de ma vengeance, je me contenterais de le mettre dans une cellule isolée, de lui rendre impossible toute communication avec ses semblables; je l'empêcherais d'entendre le son d'une voix humaine, je lui interdirais tout travail, toute occupation, je ferais le vide autour de son esprit. Voilà comment je me vengerais, si un châtiment pareil n'était pas trop infernal, même pour la plus grave offense; car, en admettant que certains crimes méritent la mort, rien ne doit nous induire à jouer le rôle du diable, à vicier, mutiler et détruire les âmes.

Pendant cette terrible période, je cherchai autant que possible un refuge dans le sommeil. Sauf à l'époque de mes débuts, quand c'était mon tour de veiller la seconde partie de la nuit, je m'étendais sur le plancher de la lanterne et dormais profondément : la lampe brûlait comme elle pouvait. Cette négligence systématique amena une seconde querelle entre le vieil Écossais et moi. Voici comment elle s'engagea. Une nuit, j'aurais dû être en faction depuis très-peu de temps, lorsque mon camarade monta et me trouva endormi. C'était environ trois semaines après mon arrivée dans la tour, comme je le supputai par la suite, ayant perdu toute conscience de la durée au moment où la discussion eut lieu. Quand je me réveillai, je l'aperçus tranquillement assis près de moi, occupé à lire son éternelle Bible. Il se contenta de me dire que je pouvais descendre, si cela me plaisait. Je le pris au mot et disparus.

Le jour suivant, il me demanda si je n'étais pas honteux de m'être endormi, de ne pas avoir exécuté ma consigne. Il s'étonnait que je n'eusse pas un sentiment plus délicat de mes devoirs. Je lui répondis que, pour mes sentiments, c'était une affaire de conscience qui me regardait seul. Quant à mon sommeil, ajoutai-je, je dors si légèrement, que je me serais sans aucun doute éveillé, si le moindre accident était survenu au luminaire.

— Comment! s'écria-t-il, vous essayez de défendre et de justifier votre conduite? Supposez que la lanterne eût pris feu? Ne savez-vous pas que ce malheur est arrivé une fois et que le plomb fondu de la toiture tomba dans la bouche d'un gardien, en sorte qu'on en trouva huit onces dans son estomac, quand le docteur fit l'autopsie du cadavre.

— Allons donc, vieux radoteur; pensez-vous m'effrayer par vos ridicules histoires? Qui croira jamais que le plomb fondu ait coulé dans le gosier d'un homme jusqu'à son estomac! Ce n'est pas moi toujours qui avalerai de tels contes, gardez-les pour un auditeur capable de les digérer. Du reste, ce ne seront ni vos sornettes, ni vos regards furieux qui m'empêcheront de fermer l'œil quand il me plaira; cela ne peut causer aucun dommage; si je me sens fatigué, je me reposerai, entendez-vous?

Il me regarda d'un œil fixe pendant quelque temps, mais ne me répondit point. Prenant alors le livre des signaux, il le consulta, en choisit deux et monta dans la galerie. Bientôt après, je le vis revenir; il posa sur la table de l'encre, des plumes et du papier, en me disant :

— Je viens de faire le signal convenu pour appeler la chaloupe, et je vais écrire à l'administration; mon devoir est de l'avertir que vous ne me secondez point.

— Faites ce que vous voudrez, lui dis-je avec indifférence.

J'étais enchanté effectivement que les choses
eussent pris ce tour ; quoique je dusse subir un
châtiment, l'espoir de quitter mon affreuse prison
me transportait de plaisir. Je montai aussitôt dans
la galerie et je fixai avidement mes yeux sur le
point où la barque devait apparaître; je demeurai
ainsi deux heures sans rien découvrir. Ce fut seulement alors que je remarquai, tant j'étais préoc-
cupé du désir d'être libre, que je remarquai, dis-je,
la profonde agitation de la mer. Elle battait le roc
d'Eddystone avec une si grande furie, qu'il était
impossible à la barque d'en approcher. Mon désappointement fut extrême, car les vents de l'équinoxe
régnaient dans toute leur force et paraissaient
devoir régner longtemps encore. Je pensais néanmoins que, quand même ils souffleraient pendant
quinze jours, deux semaines, après tout, n'étaient
pas six mois.

Ayant ainsi ranimé mon courage, je descendis
près de mon camarade.

— Allons, vieux dénonciateur, lui dis-je, vous
pouvez gardez votre épître pour de meilleurs jours.
Aucune chaloupe n'abordera ici par un temps semblable ; votre lettre ne partira point, ni moi non
plus, ce qui ne fait pas mon affaire.

— C'est ce que nous allons voir, me répli-
qua-t-il.

En prononçant ces mots, il roula sa missive,
puis la glissa dans une bouteille qu'il ferma soigneusement et enduisit de cire.

— Tiens! lui dis-je, voilà un nouveau genre

d'enveloppe ; je comprends votre intention, mais j'avoue que je ne vous croyais pas si ingénieux.

Dans l'après-midi, la chaloupe se montra au loin fendant les vagues avec peine pour approcher de la tour ; mon camarade fit signe aux matelots de se mettre en panne sous le vent. Lorsqu'ils y furent arrêtés, il lança la bouteille dans la mer. Elle vogua vers eux, et j'eus la joie de savoir que ma faute était pleinement connue.

Chacun des trois jours suivants, la barque mit à la voile et s'efforça vainement d'atteindre le phare. Le quatrième et le cinquième jour, un vent terrible du sud-ouest l'empêcha de quitter le port. Pendant tout ce temps, le vieillard fit seul le service de nuit, car il ne voulait plus se fier à moi ; j'étais charmé qu'il me débarrassât d'une tâche ennuyeuse. L'espoir d'une prompte délivrance achevait de m'égayer le cœur.

Au milieu de ma satisfaction, je ne m'apercevais pas que mon camarade perdait rapidement ses forces ; des veilles continues le minaient. Si je l'eusse regardé, j'aurais vu sur sa figure la trace de ses fatigues, mais je détournais constamment les yeux de son visage.

La tempête dura deux jours encore. Le soir du second, je m'endormis, comme d'habitude, peu de temps après le coucher du soleil. Au bout de quelques heures, je fus réveillé par le son de la cloche d'alarme, qu'un fil de fer mettait en communication avec la lanterne. Me levant aussitôt, je m'habillai à la hâte et escaladai rapidement l'échelle, non sans sourire de l'idée qu'un accident était survenu pendant que le soigneux vieillard montait la garde. Je vais peut-être voir, me disais-je, la fameuse expérience du plomb fondu. Mais le spectacle qui s'offrit à moi changea mes dispositions.

Le vieux gardien était couché tout de son long sur le parquet de la lanterne. Il avait été pris d'un mal soudain, et avait l'air de beaucoup souffrir.

— Ah! me dit-il, vous voilà enfin! ce que je craignais est arrivé... Je me meurs, jeune homme!

— Vous perdez la raison, lui répondis-je, avec un sentiment de terreur; vous ne pouvez être aussi mal que vous le dites : prenez courage.

— Mes forces sont épuisées... J'ai eu trop d'inquiétudes, il ne me reste pas longtemps à vivre; mais laissons cela. Que va devenir le phare, lorsque vous serez tout seul?

— Ne songez point au phare, lui répliquai-je; il faut d'abord s'occuper de votre état. Que puis-je faire pour vous? Quel remède vous apporterait du soulagement? Parlez, disposez de moi.

— Tout secours sera inutile, dit le vieillard, qui commençait à s'exprimer avec peine; approchez-vous, et écoutez-moi. Il faut veiller cette nuit, à ma place, lorsque je serai mort. Aussitôt que vous verrez le jour paraître, vous prendrez le livre des signaux, qui est là, sous ma Bible, et vous annoncerez à l'administration que la chaloupe doit venir quand même.

— Très-bien, très-bien! lui répliquai-je sans faire grande attention à ses paroles, car la crainte de le voir mourir m'enlevait toute lucidité d'esprit. Je n'avais pas prévu un tel malheur.

Je m'agenouillai auprès du pauvre homme et je saisis sa main, elle était froide et humide. Dans ma surprise et mon angoisse, je la laissai retomber. Une minute ou deux s'écoulèrent : je demeurais silencieux et immobile, ne sachant que dire et que faire. Une étrange expression anima la face du malade, son état empirait, sans le moindre doute. Je fus frappé de terreur.

— Que vais-je devenir? m'écriai-je. Allons, ranimez-vous, domptez le mal, secouez-vous.

Il essaya de prononcer quelques paroles, mais je ne pus rien entendre distinctement. Tout à coup, il s'écria d'une voix claire et nette :

— J'ai fait mon devoir, je ne pouvais pas faire plus.

Son visage s'éclaira, pour ainsi dire; il tressaillit convulsivement et essaya de se lever, mais la force lui manquant, il retomba en arrière, murmura d'un ton sourd : « Le phare! le phare! » et expira.

Je l'examinai quelque temps en silence, dans une terrible agitation. Je l'appelai, criant de plus en plus, mais je n'entendis que l'écho de ma propre voix. Je finis par me hasarder à toucher le cadavre. Un frisson passa sur tout mon corps. Je soulevai la tête, les lèvres étaient contractées et l'œil vitreux.

Le regard terne, immobile et sans expression de cet œil mort me fit frémir : jamais je ne l'oublierai. Une sueur froide coula sur mon front ; je me sauvai de la lanterne, dans une angoisse de terreur. Je me précipitai vers la chambre d'en bas et fermai l'écoutille, puis je me jetai sur mon lit, complétement désespéré, me bouchant les oreilles pour ne pas entendre le silence formidable et solennel qui régnait autour de moi : le silence de la mort ! Je n'avais plus désormais d'autre compagnon. Une sorte de folie troubla mon cerveau et je me tins ramasssé sur moi-même, croyant ouïr des murmures, des chuchotements, des soupirs, des frôlements, comme s'il y avait eu quelqu'un dans la pièce. Je me pressai contre le mur de peur d'être saisi par derrière ; je retins mon haleine de peur qu'elle ne me trahît. Mais le regard fixe, le regard vitreux du cadavre était toujours présent à ma pensée : il me poursuivait même au milieu de l'obscurité profonde qui m'entourait. De temps en temps un frisson d'horreur courait sur ma peau : mon sang paraissait couler avec plus de lenteur. Je me trouvais accablé, anéanti, j'étais seul avec la mort.

Je crus que cette nuit ne finirait jamais ; l'aube parut cependant. Épuisé par la crainte et la fatigue, je m'endormis. Chose étrange ! mes rêves furent agréables, et je m'éveillai avec le sourire sur les lèvres : il était grand jour. Je fus quelques secondes sans me rappeler le terrible accident ; mais tout à coup le souvenir en traversa ma mémoire comme un éclair, et je retombai sur mon lit comme si quelqu'un m'avait frappé violemment. Je compris de nouveau l'horreur de ma position; ce que la solitude m'avait fait souffrir précédemment n'était rien en comparaison de ce que j'endurais. Auparavant, j'avais du moins une créature humaine près de moi; quoique j'eusse peu de relations avec le vieillard, c'était cependant une société, je pouvais me réunir à lui quand je le voulais; il refusait habituellement de me parler, mais il rompait le silence dans l'occasion et lorsqu'il le fallait. Maintenant, au contraire, j'étais entièrement abandonné; la mort seule était ma commensale, la mort était ma compagne de lit, la mort partageait ma demeure sur un écueil battu de la tempête.

J'essayai de me conformer à la dernière injonction de l'Écossais : le désir de quitter ma prison ne m'y engageait que trop. Je montai à l'échelle pour faire les signaux, m'efforçant d'oublier que je devais passer près du cadavre. Je gravis quelques échelons, puis je m'arrêtai : il m'était impossible de poursuivre ma route et je descendis. Entrer dans la lanterne! revoir cette figure décomposée, cet œil sinistre! C'était au-dessus de mes forces!

Je conçus néanmoins le projet de me maîtriser, de courir au cadavre et de le jeter dans la mer; il me semblait qu'alors les fantasmagories qui me poursuivaient tomberaient d'elles-mêmes. Je pensai toutefois que si j'abandonnais aux vagues le corps mort, sans qu'il eût été vu de quelqu'un, on m'accuserait d'avoir assassiné le vieillard, d'autant plus que son message devait faire supposer que nous n'étions pas bien ensemble.

Le jour s'écoula ainsi. Ce n'était qu'un jour, mais il me sembla qu'il durait une éternité : il me produit encore cet effet, quand j'y pense. Le soir vint. Je n'allumai pas la lampe. J'aurais désiré le faire, car je savais que c'était mon devoir, je connaissais ma responsabilité et les dangereuses suites que pouvait entraîner ma négligence. Mais j'eusse en vain essayé de remplir cette fonction ; l'idée seule qu'il me faudrait demeurer près du cadavre me remplissait de terreur.

La nuit vint : nuit que je n'oublierai jamais, dussé-je vivre aussi longtemps que les patriarches de la Bible ! Le vent soufflait dans toute sa rage ; quoique voilé, le ciel laissait glisser à travers les nues la pâle lumière de la lune. Je me tenais près d'une croisée que j'avais ouverte pour que la brise me rafraîchît le visage, la fièvre m'avait porté le sang à la tête. Je suivais de l'œil les vagues qui se brisaient contre le rocher : je les voyais grossir, former des masses énormes, fondre sur l'écueil avec le bruit du tonnerre et le poids d'une avalanche, puis se retirer en nappes d'écume phosphorescente. Je les observais depuis quelque temps d'un œil flegmatique, car une sorte de stupeur avait succédé à mon agitation, lorsqu'il me sembla entrevoir une lumière du côté d'où soufflait le vent. Elle disparut, et je me figurai que j'avais commis une erreur, mais elle se montra de nouveau. Je regardai plus attentivement et, après deux

ou trois alternatives semblables, j'eus la certitude
que c'était le fanal d'un vaisseau, caché, puis,
démasqué tour à tour par l'ondulation de la mer.
Lorsque je l'aperçus encore, j'espérai ardemment
qu'il traverserait la ligne de mon rayon visuel.
Mais, hélas! il en fut autrement : chaque fois qu'il
reparaissait, il n'avait point changé de place relativement à l'horizon. J'acquis la certitude qu'il navi-
guait directement, ou peu s'en faut, vers le fatal
écueil où j'étais placé. Un affreux pressentiment
me saisit et une voix accusatrice s'éleva dans ma
conscience. C'était de ma faute si la fidèle lanterne
n'avertissait pas les marins, ne les éloignait pas de
la route qui les conduisait à la destruction; l'utilité
du phare se trouvait anéantie par moi, et la terrible
conséquence de mon délit approchait rapidement.
Il eût mieux valu pour le malheureux navire que
l'on n'eût jamais construit le fanal d'Eddystone;
les matelots n'auraient pas compté sur sa lumière
et ne se seraient pas crus loin du funeste rocher,
devenu, grâce à moi, un piège mortel pour eux.

Mon premier mouvement fut de courir allumer
la lampe, et j'aurais sans doute bravé l'horreur que
m'inspirait la lanterne; mais je réfléchis qu'une
demi-heure ne suffirait pas pour la mettre en ordre,
car elle avait brûlé aussi longtemps qu'elle avait pu
et le manque d'huile l'avait seul éteinte. Il aurait
donc fallu réparer d'abord, avec beaucoup de peine,
les effets de ma négligence. Une demi-heure! et je
savais que dans quelques minutes le navire serait
brisé sur l'écueil ou aurait passé auprès.

La lumière avançait rapidement. Avec quelle émotion je la voyais approcher ! je perdis le sentiment de mes douleurs personnelles au milieu de mon inquiétude.

Le bâtiment approchait toujours, la lumière était à une demi-encâblure de moi. Il n'était plus possible que les matelots évitassent le rocher : ils se dirigeaient précisément vers le point de l'écueil où je me trouvais. Je criai inutilement de toute ma force, le bruit de l'orage et celui des vagues écumantes dominèrent ma voix. Tout à coup je vis dévier la lumière ; ils avaient aperçu le roc et changé la position du gouvernail : il était trop tard ! ce n'était pas faute de vigilance que le malheureux équipage courait à la mort. J'entendais le choc des vergues qui heurtaient les mâts et le claquement des voiles agitées par la tempête. Je vis quelque chose de blanc passer près de moi, c'était, selon toute apparence, une voile détachée violemment de sa ralingue.

Presque au même moment j'entendis un épouvantable fracas : la lumière disparut ; et le craquement des mâts qui tombaient par-dessus les bordages se mêla aux sifflements de la brise. Il y eut ensuite un instant de silence ; puis, l'équipage entier jeta un cri terrible, la cloche d'alarme sonna ; ce fut leur glas funèbre : hommes, navire, agrès, marchandises, tout s'engloutit dans les flots !

Je fermai la fenêtre et me jetai sur une chaise, je perdis sans doute connaissance presque immédiatement, car je ne me rappelle plus rien, si ce n'est

Fig. 54.

Presque au même moment j'entendis un épouvantable fracas.
(page 272.)

que je m'éveillai lorsqu'il était grand jour. Me
levant alors, je commençai à mettre la pièce en
ordre. Une ou deux fois je m'arrêtai pour maudire
la mémoire du vieil Écossais, le regardant comme
la principale cause de tout ce qui était advenu. Je
tâchais de me fortifier contre les souvenirs de la
nuit. « Le mal est fait, me disais-je, et ce qu'on ne
peut réparer ne doit pas laisser de regrets. Au
bout du compte, ce n'est qu'un vaisseau de perdu,
ainsi qu'une foule d'autres l'ont été auparavant : il
faut que l'homme meure tôt ou tard. »

Je me parlais ainsi à moi-même, tandis que je
rangeais les meubles de la chambre, les remuant,
les changeant de place, sans autre but que celui de
m'occuper. J'avais tort de penser si légèrement à un
si grand malheur ; mais ce fardeau que mon âme
portait d'abord avec une sorte d'aisance coupable,
est devenu plus lourd pour moi tous les jours ; il a
fini par surcharger ma conscience d'un poids into-
lérable. J'entends sans cesse retentir à mes oreilles
les formidables paroles du vieux gardien : « Si, par
notre négligence, un navire se perdait sur les rochers qui nous entourent, la mort de chaque
homme pourrait nous être imputée à crime, nous
serions des assassins, des meurtriers ! »

Assassins, meurtriers ! meurtriers, assassins !
voilà les mots qui me poursuivent nuit et jour.

Le secret que je porte dans ma conscience, car
personne, excepté moi, ne connaît la triste fin du
vaisseau et de l'équipage, ce terrible secret ne me
laisse aucun repos. Je crains constamment de le

trahir par inadvertance ou pendant mon sommeil ; il me semble toujours qu'on y fait allusion et qu'on me soupçonne ; pourtant je désire le confier à quelqu'un, je le sens venir sur mes lèvres dans une foule d'occasions ; j'éprouverais, je crois, du soulagement à le communiquer ; mais je n'ose pas le faire et encore à présent je ne sais si je publierai ces pages.

Peu de temps après la destruction du vaisseau, la tourmente s'apaisa : le vent perdit presque toute sa force et la mer devint assez calme pour que la chaloupe pût quitter le port. Deux ou trois hommes débarquèrent au pied du phare ; le premier était celui qui, pendant que je m'y rendais pour la première fois, avait remarqué que nous étions alors un vendredi.

— Je l'avais prévu, dit-il en m'apercevant, vous voyez ce que l'on gagne à se mettre en route un vendredi... Ah ! vous dormez pendant votre garde ! Vous êtes un fier paresseux ! Que serait-il arrivé si la lampe était venue à s'éteindre ?

Je laissai échapper un gémissement involontaire. Se trompant sur la cause de ma douleur, le matelot reprit :

— Oh ! vous avez raison de gémir sur votre honteuse conduite. Où est l'Écossais ?

— Il est mort, répliquai-je.

Ils tressaillirent tous.

— Son corps est dans la lanterne, continuai-je, je l'ai laissé à l'endroit où il a rendu l'âme.

Je racontai en détail les circonstances de sa mort, disant que si je n'avais pas touché son cadavre, c'était non-seulement par suite d'une terreur superstitieuse, mais pour ne pas être soupçonné d'avoir mis fin à ses jours.

— Vous avez dû passer une triste nuit dans la lanterne en veillant près de ce corps mort, dit l'officier, homme d'un certain âge; c'était une désagréable corvée; je ne vous croyais pas dans une si fâcheuse position la nuit dernière, quand j'ai vu briller le fanal au milieu des ombres.

Quand il avait vu briller le fanal! se moquait-il de moi? La perte du vaisseau était-elle connue?

On ne savait rien. Quelque étrange que cela puisse paraître, l'officier était certain d'avoir aperçu la lampe : il en aurait fait serment.

Personne ne se douta de ma négligence criminelle. On sut que le *Jupiter*, navire de la Compagnie des Indes, avait péri près de la côte : des espars et des membrures qui portaient son nom, échouèrent sur le rivage au bout d'un jour ou deux. Mais nul ne pensa qu'il se fût brisé contre le roc d'Eddystone.

Les magistrats, considérant ce que j'avais souffert, ne voulurent pas user de rigueur envers moi. Ils se contentèrent de me retenir mes gages et de m'expulser. Je vendis ma montre brisée à un juif, pour vingt-quatre schellings et un verre de grog. Je m'en séparai avec chagrin, car elle me venait de ma mère. Je n'avais malheureusement pas d'autre ressource. Cette petite somme me permit de vivre misérablement pendant une quinzaine de jours, après quoi je trouvai à m'engager sur un navire caboteur.

VII

LES NAUFRAGEURS

Nous aurions préféré n'avoir pas à prononcer ce mot sinistre de *naufrageurs*, dans ce petit livre tout consacré aux efforts faits justement pour éviter le naufrage et ses suites. Malheureusement notre tâche serait incomplète si nous passions sous silence ces monstres qui, changeant le but que se sont proposé les amis de l'humanité en éclairant les mers, ont employé et emploient encore ces feux, ailleurs si bienfaisants, pour causer la perte des navires, la mort ou la ruine des navigateurs. Oui, tandis que sur la rive, ceux-ci allumaient des phares destinés à guider les bâtiments dans leur course incertaine, pour leur montrer le port, et comme pour leur dire : « Ici des cœurs battent pour vous, des yeux veillent, des mains amies attendent les vôtres, venez à nous sans crainte ; voici

16.

le salut ; » d'autres allumaient aussi des feux, mais ceux-ci destinés à conduire le navire sur les écueils où, brisé bientôt, il allait enrichir de ses épaves les mains criminelles qui l'avaient lâchement attiré dans le piége.

Les annales de ces forbans sont longues ; elles commencent à l'antiquité la plus reculée, et ne sont pas finies. En remontant le cours des siècles, aussi loin qu'on peut aller, nous rencontrons Scylla, sur la côte du Rhegium. Qu'est-ce que Scylla si ce n'est un phare de naufrageurs[1] ? Ulysse, on s'en souvient, y vit six de ses compagnons saisis par le monstre, et autant dans la caverne des Cyclopes, dont l'œil frontal n'était probablement que la machine circulaire contenant le feu placé au haut de leurs temples ou phares. Les Arimarpes ou Cyclopes hyperboréens entretenaient également un feu perpétuel au sommet de leurs monuments religieux, nommés Charis ou Charisia, et suivaient les mêmes coutumes. Ceux des provinces siciliennes de Léontium et de Xuthia, qui avaient Polyphème pour chef, sont restés célèbres par leur cruauté ; ils sacrifiaient tous les étrangers qui abordaient à leurs côtes. Euripide fait déclarer à Silène que la chair de ces malheureux était considérée comme délicieuse ; et quant aux prêtresses Cananéennes ou Cuthites, qui vivaient principalement sur les côtes de la Campanie, « les plages où se trouvaient leurs

---

[1] Le sommet de la roche Scylla est encore surmonté d'un château, bâti probablement sur les ruines de la tour qui s'y trouvait jadis.

tentes, dit Virgile, étaient couvertes des ossements des marins qui y avaient abordé, séduits par leurs chants harmonieux ; » aussi Circé recommanda-t-elle à Ulysse de fermer ses oreilles aux voluptés de leurs hymmes sacrés et de leur musique enivrante. Les prêtres qui desservaient les tours maritimes dédiées à Jupiter Lycœen ou Apollon, y avaient également introduit les sacrifices humains, et donnaient la préférence aux enfants, etc.

Mais la barbarie des rites du paganisme et la perfidie de ceux qui gardaient les passages les plus difficiles, sont suffisamment connues, sans avoir besoin de recourir à l'histoire des Lestrygons, des peuples de Leontium, qui portèrent leurs cruautés dans toute la Grèce, le Pont, la Libye ; ni à celle des Furies et des Harpies, qui étaient également des prêtresses du feu, et qui poussèrent leurs excès si loin, qu'on finit par les confondre avec les démons. La manière dont elles sacrifiaient les étrangers était particulière ; elles les forçaient à combattre un de leurs prêtres, sorte d'athlète, qui attendait leur victime dans une cour disposée pour cette lutte, devant le phare ou le temple. Celui-là habitué à cet exercice et familiarisé avec l'œuvre de la mort, avait bientôt renversé son adversaire, puis on procédait aux autres parties du sacrifice. Il est inutile de rapporter ce qui se passait chez les Druides ou les Hères.

Rappelons encore le stratagème de Nauplius, roi de l'île d'Eubée. Irrité de ce que les Grecs avaient fait périr son fils Palamède, il mit des feux sur le mont Caphareus (aujourd'hui Kavo Doro), pour y attirer la flotte grecque pendant la tempête, et elle s'y perdit presque tout entière.

Il est certain que les peuples du moyen âge firent construire des tours à feu sur leurs rivages, mais celles-ci ne furent jamais nombreuses. Ils avaient leurs raisons pour laisser leurs côtes dans l'obscurité. Le chapitre xxxi des Rôles d'Oléron prononçait, contre les inhumains qui tuaient les naufragés pour les piller, au lieu de leur prêter secours, la peine de l'immersion dans la mer et la mort à coups de bâton et de pierre : « Doilvent être mis en la mer et plongés tant que soient demy morts, et puis les tirer dehors et les lappider et assomer, comme on feroit un chien ou loup. » Malgré ces lois. ce fut un bon temps pour les naufrageurs ! pas un hameau situé sur le bord de la mer qui ne considérât l'échouement d'un navire dans son voisinage comme l'un des avantages de sa position. Ses épaves ne revenaient-elles pas à ceux qui les recueillaient ? « *Bona naufraga quæ ad littus regis pervenerint, regis sunt,* » disent les lois de Hoël le Bon (dixième siècle).

Les rois et les ducs de Bretagne levaient ce droit *de bris* ou *de lagan* jusqu'à Bordeaux et la Rochelle ; ils entretenaient, en outre, dans ces deux villes des hommes qui faisaient payer les brefs à l'aide desquels les marchands pouvaient seulement naviguer dans la mer de Bretagne. Mais ce droit, comme tous les droits à cette époque troublée, était une source permanente de querelles et même de guerres entre ceux qui se le disputaient. Hoël, deuxième roi de

Bretagne, l'ayant concédé au seigneur de Léon, en lui donnant sa fille en mariage, Jean le Roux contesta plus tard ce droit à Guilhomer, héritier de cette principauté. On en vint aux mains, et Guilhomer perdit le château de Quimper, qui fut brûlé, et vit ses terres dévastées. Bien mal acquis ne profite pas, dit-on. C'est ce même seigneur auquel un juif montrait un jour un diamant magnifique : « J'ai mieux que cela, » répondit ce gentilhomme. Et menant le juif à la fenêtre de son château, il lui désigna un récif que la mer qui remontait commençait à envahir. « Voilà, ajouta-t-il avec candeur, qui vaut toutes les pierreries de votre écrin. »

Ce récif, qui lui valait dix mille sous par an, suivant dom Lobineau, devait être la pointe du Raz. Malheur au navire que le vent affale sur cette pointe terrible ! Sans un miracle, sans une saute de vent très-rare, il est dans l'impossibilité de se relever, il faut qu'il périsse. « Tandis que l'honnête homme palpite à la vue du danger, dit Cambry (1794), l'impitoyable habitant de ces rives s'arme de crocs, de cordes, va se cacher dans les rochers pour y saisir ce que la mer transportera sur le rivage ; il attend sa proie, accroupi pour échapper à l'œil des surveillants. Jadis il assommait le malheureux qui lui tendait les bras, en échappant au courroux des flots, il l'enterrait et le dépouillait sans pitié ; il est plus humain à présent, il accorde la vie, ne tue que rarement, mais il vole ; en vain la force armée tente, quelquefois, de s'opposer à cet affreux désordre. Il est une digue de cailloux, vis à vis Plovan : les habitants furieux, unis avec leurs femmes, s'y rassemblent, bravent la mort, attaquent les gendarmes; le feu, le sang ne fait qu'augmenter leur audace : les femmes sont des mégères plus hardies, plus intrépides encore que les hommes : le comble de l'injustice, de la cruauté, de la tyrannie militaire est, suivant eux, de leur disputer les dons que le ciel leur envoie. »

Pour mieux tromper les navires, ils pendaient un fanal entre les cornes d'une vache; ils avaient remarqué que le mouvement de l'animal lorsqu'il marche imite le balancement d'un vaisseau; en sorte que le navigateur se croyant loin des côtes avançait toujours et s'échouait bientôt. Cette ruse est ancienne : dès les temps les plus reculés, on la voit employée par les habitants du Pont-Euxin.

Une fois la farce se mêla au drame. Cambry raconte qu'en 1794, au moment d'un naufrage, les habitants de Plozevet et de Plovan, après s'être gorgés, comme des sauvages de vin, d'eau-de-vie, de liqueurs, avalèrent une caisse entière de médicaments qui donna la mort aux uns et d'affreuse convulsions aux autres.

M. de Quatrefages cite aussi les îles Chausey comme l'un des endroits les plus redoutés de nos côtes antérieurement au seizième siècle[1]. S'il faut en croire la tradition, c'étaient des moines qui exerçaient cette horrible industrie de naufrageurs. Tout être vivant qui abordait à leur repaire était mis à mort. Les femmes seules étaient d'abord épargnées,

----

[1] *Souvenirs d'un naturaliste.*

Fig. 75. — Anciens naufrageurs bretons.

mais plus d'une était ensuite précipitée dans un souterrain communiquant avec la mer, pour qu'elle fût étouffée par la marée montante. « Dans un coin des ruines du vieux fort, ajoute M. de Quatrefages, on m'a montré une fosse carrée à demi comblée de pierres, et qu'on assure avoir servi d'orifice au puits qui conduisait à ces terribles oubliettes. On comprend que des craintes superstitieuses n'ont pas manqué de s'attacher à ces lugubres souvenirs. Aussi, quand la nuit enveloppe ces ruines maudites, quand les rafales du vent d'ouest jettent jusqu'à elles l'humide poussière des vagues, pas un habitant de Chausey ne se hasarderait dans leur voisinage, pas un n'oserait s'exposer à voir les longues flammes rouges qui dansent dans la cour du vieux château, ou à entendre les gémissements qui sortent des flancs du rocher pour se mêler au fracas de la tempête. »

Cependant, si certains propriétaires riverains s'étaient arrogé le droit de bris, ils ne paraît pas qu'il aient eu leurs souverains pour complices. Depuis longtemps des lois sévères, et dont l'initiative appartient à l'un des Andronics de Constantinople, sont édictées contre ces usages odieux. En France, en Italie, en Espagne, en Angleterre et en Allemagne, cette législation veut que les épaves non réclamées par leurs propriétaires légitimes fassent retour à l'État. Elle enjoint aussi aux autorités de veiller à ce que la loi ait son cours. Toutefois l'appât du gain est si vif chez l'homme, que sur nos côtes, non-seulement ces lois n'étaient pas exécutées à la fin du siècle dernier, ainsi que Cambry nous l'apprend, mais que les magistrats eux-mêmes imitaient la multitude en prenant part au pillage qu'ils étaient chargés d'empêcher[1].

Ces magistrats font mieux leur devoir aujourd'hui, au grand regret de leurs administrés, d'après ce que dit M. Élisée Reclus dans ses belles Études sur les Landes. Il est vrai qu'autrefois, les populations landaises, en grande partie composées de pirates[2], se livraient à la même industrie que les habitans du Raz. Ceux des villages les plus rapprochés du littoral — c'est M. Reclus qui parle — racontent de lugubres histoires qui font dresser les cheveux, et, si l'on en croit les mauvaises langues, il y aurait toujours parmi les riverains des hommes qui regrettent ce bon vieux temps de pillage et de meurtre. Encore en 1815, les matelots d'un navire espagnol en détresse, craignant d'être maltraités par les habitants des Landes, essayèrent, dit-on, de gagner les côtes d'Espagne à force de rames, et périrent tous dans les flots.

Coulier prétend que ces lois étaient moins bien observées, ailleurs, encore vers 1829. « On n'ose presque pas l'avouer, dit-il, mais il existe en Europe des phares qui peuvent le disputer à ceux de l'antiquité, et qu'on n'éclaire occasionnellement que

---

[1] On peut lire à ce propos le Message du Directoire exécutif au conseil des Cinq-cents, en date du 25 thermidor an IV.

[2] Suivant les étymologistes, le nom de *Labourd* (Laphurdy), qui désigne les cantons basques les plus rapprochés du Marensin, signifie *contrée de pirates*.

pour tromper les marins et concourir aux naufrages; malheur aux navires qui, sortant de la mer Noire, voudraient donner de confiance dans le canal de Constantinople, en prenant imprudemment, pour se guider, les deux feux qu'ils y rencontrent ! les habitants des côtes voisines éteignant ceux qui pourraient réellement servir, pour en allumer d'autres où il n'existe pas de passage, leur tendent le piège le plus perfide, et en quelques heures les navires et leurs équipages sont, pour ainsi dire, anéantis, pour ne laisser aucun indice de leur crime. »

« En se reportant sur notre continent, ajoute Coulier, la comparaison ne saurait nous être favorable, puisqu'il n'est que trop avéré que les navires qui viennent s'y briser n'ont souvent point d'espoir de salut; et, comme il est important de ne rien avancer au hasard en pareille circonstance, je citerai le *Cimoni*, brick grec, qui, en 1825, fut se briser à Alderney, et dont l'équipage, après avoir conjuré l'orage par des efforts inouïs, fut mis à nu par la civilisation européenne du dix-neuvième siècle[1]. »

[1] « Je quitte à l'instant les débris du navire, qui avait à bord une riche cargaison, écrit au *Moniteur* l'un de ses correspondants; mais je regrette d'avoir à vous dire que je n'ai jamais vu une telle scène de pillage. Les deux tiers au moins des objets précieux qui étaient à bord, ont été volés et emportés à la ville, ou cachés dans le sable jusqu'à ce qu'on pût venir les prendre avec sûreté. Un jeune homme, même de très-bonne famille, a emporté une poche pleine de cuillers d'argent ; et d'autres des sabres montés en argent. Des femmes ont volé des pièces entières de mousseline et de batiste. D'autres objets ont été emportés par des enfants. Les gens de l'équipage avaient des effets à bord, qu'ils ont tenté de sauver; mais ils n'y ont réussi qu'en partie; aussi pouvaient-ils bien

Depuis l'époque où se sont passés ces faits odieux, des progrès notables se sont accomplis dans le cœur des hommes et dans la pratique des lois. On pourrait en arguer qu'aucune tentative propre à faire échouer les navires ne saurait avoir eu lieu : il n'en est rien cependant. Au moment où nous écrivons, le *Morning-Post*, de Londres, appelle l'attention du gouvernement anglais sur la barbare coutume des habitants des côtes qui allument, dit ce journal[1], de faux signaux sur le rivage, afin d'y faire échouer les navires, dont ils se partagent les débris. Cette coutume particulière, autrefois au comté de Cornouaille, ajoute le *Morning-Post*, semble se répandre aussi dans celui de Durham, sur les côtes de la mer du Nord. Ce qui paraît confirmer nos appréhensions, c'est le grand nombre de navires qui se sont perdus récemment entre Sunderland et Tynemouth, sur des rochers où on avait vu briller de faux signaux, que les navires prenaient pour des phares ordinaires. C'est bien assez des tempêtes de l'Océan si fréquentes dans cette saison, sans que la malveillance vienne encore ajouter à la furie des éléments. Aussi, proposerons-nous de prendre des mesures énergiques pour réprimer ces crimes odieux. Il faut appliquer purement et simplement les anciennes lois de George II, par les-

s'écrier, comme l'un d'entre eux l'a fait ce matin : « Oh! plût à
« Dieu que j'eusse fait naufrage sur quelque rivage turc; là je me
« serais attendu à la mort et me serais résigné; mais ici parmi les
« chrétiens, j'attendais charité et protection, et n'ai trouvé que le
« pillage et l'insulte. »

[1] Année 1846.

quelles le fait seul d'avoir allumé de faux signaux
était assimilé au crime de « félonie capitale, » et la
tentative de s'approprier les épaves jetées à la côte
comme un « vol ordinaire. » Nous proposerons
aussi que toutes les épaves soient désormais vendues
au profit des gardes-côtes ; cela ôtera aux paysans
du rivage toute tentation d'attirer les navires sur des
écueils où ils se brisent. »

Ce n'est pas tout. Dans cette même Angleterre,
qui la première a fondé ces admirables institutions
de *Life-Boats*, aujourd'hui si intelligemment imi-
tées en France, il s'est formé d'odieuses associa-
tions dont il nous faut aussi parler. Ceux qui les
composent, leurs compatriotes les appellent aussi
naufrageurs, et c'est leur véritable nom. Seulement, au lieu de provoquer le naufrage et d'attendre ses épaves à la côte, ils vont les chercher
en mer. Un petit navire leur est-il signalé, vite, ils
sautent dans leur cutter, se dirigent sur le bâtiment en vue, l'accostent, montent à bord, s'em-
parent de la barre et du commandement, le mènent
dans le premier port anglais venu, et là, les lois à la
main, exigent une rançon qui, la plupart du temps
dépasse la valeur du navire. Les *Annales* de notre
intéressante Société de sauvetage ont publié sur
ce sujet une étude où nous trouvons vingt exemples
de ce genre d'escroquerie actuellement dénoncée
avec beaucoup d'énergie par notre gouvernement
au gouvernement anglais.

L'ère des naufrageurs, on le voit, n'est pas encore
close, et nous craignons qu'elle ne le soit jamais,

car si les lois sont sévères, la justice ne saurait être partout, tandis que la race inextinguible des mauvaises passions rôde à toute heure et sur tous les chemins !

FIN

TABLE DES GRAVURES

TABLE DES MATIÈRES

PARIS. — IMPR. SIMON RAÇON ET COMP., RUE D'ERFURTH, 1.

9 782329 231846